JN125130

企業研究者が学生に語る

研究アイディアの見つけ方から事業化への道まで

酒井 俊彦

大阪府立大学・大阪市立大学博士課程教育リーディングプログラム
「システム発想型物質科学リーダー養成学位プログラム」編

大阪公立大学共同出版会

目 次

はじめに

　理系の大学院生で、「企業の中での研究者の仕事はどのようなものだろうか」「大学の研究室との違いは」「どのような心構えが大事なのか」などと考えている学生もいるであろう。あるいは、就職活動を控えて、準備しておくことがあるのか聞きたいと思っている学生もいるかもしれない。研究室の先輩や学会での知り合いなどに、じっくりと話を聞くことはなかなか難しいであろう。この本は、このような疑問や関心について、多くの業界の企業で働いている現役研究者や研究者 OB が大学院の講義の中で語った内容をまとめたものである。

　この講義は、大阪府立大学と大阪市立大学（以下「両大学」と記す）との共同プロジェクト「システム発想型物質科学リーダー養成学位プログラム」（以下「SiMS プログラム」と記す）（参考文献 1）の中で、主に博士後期課程 1 年次の学生を対象とした履修科目「物質システムビジネス概論」である。SiMS プログラムでは、毎年 20 名（注 1）の大学院生を選抜しているので、この講義の受講生も SiMS プログラム履修生に限定されているが、実は多くの大学院生にとって非常に有益なものである。

　企業の中での働き方、研究者の仕事の進め方などは、それぞれの企業の長い歴史や会社としてのビジョンや事業形態によって特徴が出るし、業界ごとにかなり違った面がある。しかし、研究テーマの決め方や継続可否の判断方法などは、多くの企業で同じような考え方をしている。特定の業界での研究者の活動の様子を記述した本は出版されているが（参考文献 2）、この講義のようにさまざまな業界の先輩から話を聞ける機会は稀であろう。企業の個性によらず研究者が心がけるべきことを聞くとともに、業界による研究者の違いも知ることができたことで、複数の講

師からの講義内容は受講した学生にも大きく記憶に刻まれたようである。

　著者は、SiMS プログラムが始まる前から、理系の大学院生へのメッセージとして、さまざまな企業の研究者 OB に、企業に就職するきっかけとか決め手となったこと、研究者として成功することができた要因、困ったときに助けてもらった先輩などをどのようにして見つけたか、などを映像インタビューの形で記録してきた。その内容も併せて記述することで、多くの大学院生にとって、これからの研究活動や企業での社会生活に参考になり役に立ってくれることを望むものである。また、すでに民間企業で研究開発の仕事を始めている、社会人1年生にも得るものがあると期待する。

（注1）2014 年度から 2016 年度までは毎年 20 名を選抜。2017 年度からは毎年の選抜人数を減らし約 10 名。

第1章 物質システムビジネス概論の科目構成

　「システム発想型物質科学リーダー養成学位プログラム」（SiMS プログラム）は、俯瞰力と独創力を備えたグローバルなリーダーを育成するべく、文部科学省が 2011 年度から開始した「博士課程教育リーディングプログラム」の一つとして 2013 年度に大阪府立大学と大阪市立大学（両大学）が採択されたものである（注 1-1）。このプログラムで具体的に育てようとする博士課程修了者の人材像、ディプロマ・ポリシーを表 1-1 に示す。

（注 1-1）博士課程教育リーディングプログラムは、文部科学省が 2011 年度から 2013 年度まで、5 年一貫（修士課程、博士課程の 5 年間）の教育プログラムとして募集したもので、3 年間で延べ 45 大学の 63 プログラムが採択された。大阪府立大学、大阪市立大学は、両大学の学長を筆頭とした組織体制や、産業界のリーダー育成と「ことづくり」を目指した教育プログラムであることが評価され選ばれた。

表 1-1　SiMS プログラムのディプロマ・ポリシー

• 物質科学の専門分野をリードできる確固とした物質科学基礎力
• システム的発想から階層融合的に研究戦略を構築できるデザイン力
• 基礎的研究を産業的イノベーションへ結びつける突破力
• 自らの発想を世界に根付かせるリーダーシップと国際発信力

　このディプロマ・ポリシーを実現するためのカリキュラム・ポリシー（教育課程編成・実施方針）を表 1-2 に示す。

表1-2　SiMS プログラムのカリキュラム・ポリシー

(1)	「システム発想型物質科学リーダー養成学位プログラムが目指す学修成果」の達成を目的とした、5 年一貫の教育課程編成
(2)	単一階層に閉じた発想からは決して具現化しないイノベーションをエレクトロニクス分野、エネルギー分野そして生命科学分野へと誘導できる「ものからことへの生きたリンク」を構築できる「システム発想型」研究リーダーの養成
(3)	リテラシー科目による、リーダーとして必須の素養である科学を俯瞰的に見る力の醸成
(4)	インターディシプリナリー科目（物質科学基礎科目、システム系基礎科目、研究室ローテーション）により、分野・階層横断的研究力の基盤を醸成し、学生の幅広い学修と柔軟で俯瞰的な問題設定能力を養成
(5)	アイディエーション科目とグローバル科目は、本学位プログラムのカリキュラムの中心として、複雑なものごとを俯瞰的に見る「システム思考」、新しい発想を創造する「デザイン思考」、それらを具現化する「マネジメント力」を総合的に醸成
(6)	アントレプレナーシップ科目とグローバル科目により、産業界、外国人と協同での講義・研究・演習などを通して、グローバル化した産業界で生じる様々な問題を見いだし、その解決に応用できる能力（システム発想型問題設定力）を育成

　6 番目の項目にあるアントレプレナーシップ科目の一つとして、物質システムビジネス概論がある。特に、このプログラムでは、産業界を牽引できる博士研究リーダーの育成に重点を置いていることから、表1-3に示すシラバスを設定し、さまざまな業界の研究者や研究者 OB に講義を依頼した。一つの科目に多くの外部講師を招聘するにはかなりの準備が必要であったが、SiMS プログラム 1 期生が博士後期課程に進学する、2015 年度（前期）より開講できた。

表1-3　講義のシラバス

科目名	物質システムビジネス概論 (Special Seminar for Business Planning based on System-inspired Material Science)
授業コード	L200030001
単位数	2
配当年次	3-5
開講期間	通年
曜日　コマ	時間割外　原則火曜2限だが、水曜、月曜など講師予定で変更の場合あり。
教室	B4棟 東K-102（中百舌鳥キャンパス、OPU）
担当教員氏名	芦田　淳、酒井俊彦
オフィスアワー	芦田：火曜9：30-11：00　（要事前アポイントメント）
授業目標	ことづくり発想で創出されたアイディアが物質科学の発展に大きく影響を与えた事例やシステム発想型物質科学によってビジネスモデルが成功した例などを通して、物質科学とその周辺分野における今後のイノベーションに貢献するような技術分野とそのビジネス展開に関しての発想手法の基礎を学びます。
教科書	
授業概要	科学ビジネスに関する基礎的な事項を学んだ後に、こと作り思考で発想されたアイディアが物質科学の発展に大きく影響を与えた事例やシステム発想型物質科学によってビジネスモデルが成功した例などを外部講師の講演によって学びます。講義の前に講師の所属する企業について事前勉強し、物質科学とその周辺分野における新産業やイノベーションの創出に向けて自らがどのように行動するべきか？　などに関して講師とのダイアログを行うことによって座学と演習の相乗効果を期待しています。
授業計画 第1回	講義の進め方（芦田、酒井）
第2回	科学ビジネス概論（酒井）
第3回	科学ビジネス概論（酒井）
第4回	こと作り思想とイノベーションの事例1（河北）
第5, 6回	こと作り思想とイノベーションの事例2（外部講師）
第7回	こと作り思想とイノベーションの事例3（外部講師）
第8回	こと作り思想とイノベーションの事例4（外部講師）
第9回	こと作り思想とイノベーションの事例5（外部講師）
第10回	こと作り思想とイノベーションの事例6（外部講師）
第11回	こと作り思想とイノベーションの事例7（外部講師）
第12回	ベンチャー企業の事例研究（外部講師、学外で開講）
第13回	イノベーションの事例（外部講師、学外で開講）
第14, 15回	ディベート
第16回	まとめ（酒井、芦田）
成績評価	TEC教員と外部講師の評価結果を基にしたルーブリック評価、ならびにレポートによる。

1.1 講義の主な内容

物質システムビジネス概論は前期 15 コマ（年度により 16 コマ）で実施するが、その主な構成は
（1）科学ビジネス概論
（2）さまざまな業界の講師による、こと作り思想とイノベーションの事例研究
（3）ベンチャー企業の事例研究
（4）企業の製品展示室見学とイノベーションの事例研究
（5）2 グループに分かれてのディベート
（6）企業を訪問し、学生の専攻研究の発表と交流会（シラバス外）
であり、例えば 2018 年度の講義スケジュールを表 1-4 に示す。

表 1-4 2018 年度 物質システムビジネス概論カリキュラム

第 1 回	4/10	火曜 2 限	講義の進め方	芦田、酒井
第 2 回	4/17	火曜 2 限	科学ビジネス概論	酒井
第 3 回	4/24	火曜 2 限		
第 4 回	5/8	火曜 2 限	こと作り思想とイノベーションの事例 1	電機・事務機器 P 社
第 5 回	5/14	月曜 3 限	こと作り思想とイノベーションの事例 2	化学 T 社
第 6 回	5/21	月曜 3 限		
第 7 回	5/29	火曜 2 限	こと作り思想とイノベーションの事例 3	機械 D 社
第 8 回	6/5	火曜 2 限	こと作り思想とイノベーションの事例 4	化学 D 社
第 9 回	6/12	火曜 2 限	こと作り思想とイノベーションの事例 5	金属・鉄鋼 N 社
第 10 回	6/19	火曜 2 限	こと作り思想とイノベーションの事例 6	化学 K 社
第 11 回	6/26	火曜 2 限	こと作り思想とイノベーションの事例 7	電機・事務機器 S 社
第 12 回	7/4	水曜 PM	ベンチャー企業の事例研究	ベンチャー企業
第 13 回	7/10	火曜 PM	イノベーションの事例	化学会社展示室
第 14 回	7/17	火曜 2 限	ディベート	酒井
第 15 回	7/24	火曜 2 限	ディベート	酒井
第 16 回	7/31	火曜 2 限	予備日	芦田、酒井
枠外	8/24	金曜 PM	研究者交流会 1	電機・事務機器 P 社
枠外	9/27	木曜 PM	研究者交流会 2	機械 D 社
枠外	10/19	金曜 PM	研究者交流会 3	金属・鉄鋼 S 社

　これらの構成の中で、（1）科学ビジネス概論、（4）企業の製品展示室見学と、（5）ディベートについては本章で詳しく述べる。（2）さまざまな業界の講師による、こと作り思想とイノベーションの事例研究と（3）ベンチャー企業の事例研究については第2章から第4章の中で詳しく扱い、シラバスの枠外で実施した（6）学生の専攻研究の発表と交流会については第5章で詳しく述べる。

　この科目の多くの講義は写真1-1に見るように、演習ができる教室で行い、学生が講師に質問したり、ダイアログしやすい雰囲気を大切にした。講師によっては、学生の机配置を弧状とし、順に学生に質問を投げかける場面もあった。

写真 1-1　講義室の様子

1.2　科学ビジネス概論

　民間企業に就職し、理系の研究者として仕事をすることになっても、最低限の会計の知識は必要であり、リーダーとしての活動や研究テーマの発案に際しては、世の中の経済についての知識や理解が求められる。もちろん企業に入社してからのOJTで、会計などの知識を得ることも可能であるが、著者の経験からも、基礎知識は自分で習得しておく機会が

あればよいと考えた。特に、研究用設備の購入や研究用資材の購入など日々の実務では伝票処理や資材部隊とのコンタクトもあり、思わぬところでトラブルを起こしかねない。大学の理系学部では教養科目がほとんどないので、SiMS プログラムの履修生も今まで経済関連の講義を受講していない。そこで、この科目の中に、最低限の会計の知識や、研究計画を立てるためのマーケティングの基礎について、2 コマだけではあるが、講義に入れた。

1.2.1　物品購入の基本ルール

企業内での物品購入は資材部隊（資材部あるいは業務部など）の業務であり、少しでも安価に物品を購入するためには、複数の業者からの相見積もり（できれば 3 社からの 3 社見積もり）が原則である。

これはまた、特定の業者との癒着を防ぐという意味で、コンプライアンスの面からも必須である。それでも、研究者として

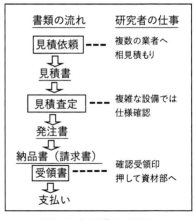

図 1-1　物品購入の流れ

は、特定の業者しか販売していない製品を必要とする場合もありうる。その場合には、「特命発注理由書」を出すことになる。複雑な仕様の装置などを購入したり、特別に装置製作を発注する場合には、見積もりの段階で、研究者（発注者）として仕様を確認しなければならない。この段階できちんと査定しておかないと、安価なだけで仕様を満足しない装置が入ってくることにもなりかねない。

装置や物品が納入された後の業者への支払いについては資材部隊の業

務であり、研究者は関係ないと思われがちだが、装置を受け取った際の
受領書に、発注者としての研究者が押印して資材部隊に戻さないと、資
材部隊から業者への支払いがいつまでたっても行われないことも起こり
える。装置を一度試運転してから受領書に押印しようと思っていた研究
者が、受領書を机の引き出しに入れたまま忘れていた、という話を著者
は聞いたことがある。

　研究者が直接知っていなくてもよいことではあるが、大企業から業者
への支払いは往々にして手形決済であること、この手形とはどのような
ものであるかを説明した。中小企業が、手形決済のために現金が不足す
るようになると、この手形を銀行などに持ち込んで、割り引いて現金化
する（注1-2）。また、安心できる企業の手形だと思って裏書きをして、
別の企業への支払いに使ったりすると、多額の負債を抱え込むことにな
りかねない。大企業の手形決済や現金支払いの遅延が中小企業の現金需
給を圧迫しないようにするために、「下請代金支払遅延等防止法」（注
1-3）という法律が制定されていることも参考とした。

　研究者が自分の開発した物を試作品として販売して顧客の反応を知りた
いとき、あるいは他社との連携でお金を出してもらって研究しようとする
ときなど、外部の企業からお金をもらう契約をするときには、相手が契約
通りにお金を払ってくれるかを見極めないといけない。相手の企業の支
払い能力を見極める作業を、「与信管理」といって、相手の事業の状況を
調べたり、場合によっては、調査専門会社のデータを使うこともある。

（注1-2）手形割引とは、期日前の手形を金融機関（銀行）や手形割引業者に持ち込み、期
　　　　日までの利息や手数料を差し引いた金額で現金化すること。
（注1-3）親事業者（大企業）の下請事業者に対する優越的地位の濫用行為により、下請代
　　　　金が恣意的に減額されたり、責任がないにもかかわらず返品を強要したり、支払
　　　　いが遅延されることを規制する法律で、昭和31年6月1日に制定された。

1.2.2　損益計算書とバランスシートの見方（参考文献3）

　研究者として、研究・開発した製品にどのような価格をつけたらよいかを考えるとき、代替商品の価格とかマーケティングの結果が指針となるが、その前にきちんと原価計算をしないといけない。基礎となる、売上原価の計算の中で、

- 生産工程で生じる、製品や仕掛品の棚卸額
- 設備を購入した後の償却の考え方
- 人件費（労務費）に含まれる社会保険料の比率
- 研究所の人件費や研究費は固定費に含める

などを考慮して計算すると表1-5のような損益計算書（P/Lと呼ぶ）ができる。

　ここで営業利益は企業の本業での経営成績であり、経常利益は企業の通常の経営成績を表す数字となる。そして、当期純利益の数字が企業の最終的な経営成績である。

　企業は、事業での利益が出ると、およそ15％とか20％とかの法人税を払うことになるが、利益が出たときに研究設備などを購入して、その全額で利益を減額することはできない。法律で定められた法定償却年数で、購入した設備の金額を償却しなくてはいけない。

表1-5　架空の損益計算書（P/L）

（千円）

科目	金額
売上高	1,000,000
売上原価	500,000
売上総利益	500,000
販売費＆一般管理費	300,000
（人件費、研究開発費）	
営業利益	200,000
営業外収益	
受取利益、受取配当金など	3,000
営業外費用	
支払利息、為替差損など	1,000
経常利益	202,000
特別利益：固定資産売却益など	100,000
特別損失：事業再編費用など	50,000
税引前当期利益	252,000
法人税、住民税など	100,800
当期純利益	151,200

損益分岐を考える例として

　　売値：1台500万円の製品

　　製造原価：1台350万円

　　変動経費：1台当たり30万円

　　固定費：200百万円

としたときの損益分岐点を図1-2
に示す。

　この例題では、167台以上販売
すると利益が出る計算である。

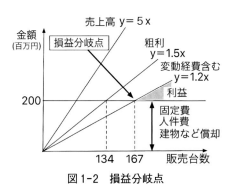

図1-2　損益分岐点

　企業の健康診断書といわれる「バランスシート」（B/Sと呼ぶ）の見方について説明する。資産の部の中では、現金化しやすい順に並んでおり、負債の部ではすぐに返済しないといけない項目から、返済を長期で考えられる項目の順に並んでいる（図1-3）。

　　　　　　　資産合計＝負債及び純資産合計

とバランスしていることからバランスシートと呼ばれる。

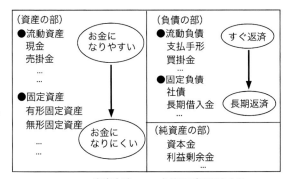

図1-3　バランスシート（B/S）の構成

アサヒグループホールディングスの2016年12月期の具体的な数字を

例として、バランスシート（図1-4）に記載の主な項目の内容を説明した。また、全体として

流動資産≧流動負債

の状態にあることが、企業が健全な経営をしていることを示す。さらに、P/LとB/Sの具体例として、2005年度に住友金属工業（現在の日本製鉄の一部）から発表された連結財務諸表、連結賃借対照表（B/S）と連結損益計算書（P/L）とを表1-6から表1-8に示す。

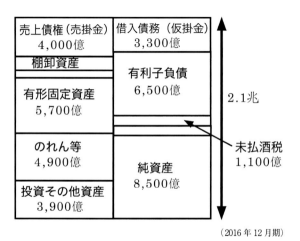

（2016年12月期）
図1-4 アサヒグループホールディングスの B/S

　表1-6から表1-8を見て、平成16年度から17年度への変化（違い）として、次の点を読み取れるようになってほしい。

　①売上高が3200億円ほど増えており、純利益率も14.2％に改善している（14.2％は製造業としては良好な数字）。

　②売上高が増えると、表1-6に記載されている受取手形及び売掛金が増えている（注1-4）。

　③表1-6の有形固定資産が増えていないことから、この期間内での設備投資をあまりしておらず、表1-7の短期借入金を1300億円、長

期借入金を 330 億円返済している。

（注1-4）売掛金とは、商品を売ったのが期（月）の途中なので、未だ代金を受け取っていないもの。受取手形は、受け取った手形の中で決済期日が未だ来ていないことから、現金化されていないもの。

表1-6 バランスシートの実例（住友金属工業 2005 年度-1）

区分	注記番号	前連結会計年度 （平成17年3月31日） 金額(百万円)	構成比 (%)	当連結会計年度 （平成18年3月31日） 金額(百万円)	構成比 (%)
（資産の部）					
Ⅰ 流動資産					
1 現金及び預金	※1	42,547		32,669	
2 受取手形及び売掛金		190,087		211,772	
3 有価証券		0		0	
4 棚卸資産		305,930		364,501	
5 繰延税金資産		14,740		21,251	
6 その他		51,832		45,533	
7 貸倒引当金		△534		△511	
流動資産合計		604,604	31.4	675,217	32.0
Ⅱ 固定資産					
(1) 有形固定資産	※1				
1 建物及び構築物		684,833		688,220	
減価償却累計額		△438,603	246,229	△450,912	237,308
2 機械装置及び運搬具		2,003,906		2,013,916	
減価償却累計額		△1,638,415	365,490	△1,674,422	339,493
3 土地	※7		349,185		359,214
4 建設仮勘定			36,998		63,989
5 その他		70,132		71,053	
減価償却累計額		△61,078	9,054	△61,560	9,493
有形固定資産合計			1,006,958		1,009,499
(2) 無形固定資産					
1 連結調整勘定			1,501		1,494
2 その他			5,062		4,718
無形固定資産合計			6,563		6,212
(3) 投資その他の資産					
1 投資有価証券	※1 ※2 ※3		260,186		385,141
2 繰延税金資産			8,616		8,425
3 その他	※3		37,066		30,570
4 貸倒引当金			△901		△1,721
投資その他の資産合計			304,967		422,416
固定資産合計			1,318,489	68.6	1,438,128	68.0
Ⅲ 繰延資産					
1 社債発行差金			48		45
繰延資産合計			48	0.0	45	0.0
資産合計			1,923,142	100.0	2,113,391	100.0

表1-7　バランスシートの実例（住友金属工業 2005 年度-2）

区分	注記番号	前連結会計年度（平成17年3月31日）金額(百万円)	構成比(%)	当連結会計年度（平成18年3月31日）金額(百万円)	構成比(%)
（負債の部）					
I　流動負債					
1　支払手形及び買掛金	※1	295,384		348,385	
2　短期借入金	※1	420,482		290,645	
3　一年内償還予定社債		34,000		11,450	
4　未払法人税等		-		95,800	
5　繰延税金負債		119		93	
6　その他		117,881		116,579	
流動負債合計		867,868	45.1	862,954	40.8
II　固定負債					
1　社債		116,950		96,200	
2　長期借入金	※1	314,486		281,483	
3　繰延税金負債		11,092		25,696	
4　再評価に係る繰延税金負債	※7	9,817		9,817	
5　退職給付引当金		34,600		33,218	
6　特別修繕引当金		4,237		4,234	
7　その他		46,779		37,614	
固定負債合計		537,963	28.0	488,264	23.1
負債合計		1,405,831	73.1	1,351,219	63.9
（少数株主持分）					
少数株主持分	※7	34,073	1.8	41,305	2.0
（資本の部）					
I　資本金	※5	262,072	13.6	262,072	12.4
II　資本剰余金		61,897	3.2	61,897	2.9
III　利益剰余金		115,851	6.0	300,587	14.2
IV　土地再評価差額金	※7	16,298	0.9	16,061	0.8
V　その他有価証券評価差額金		31,165	1.6	84,385	4.0
VI　為替換算調整勘定		△3,798	△0.2	△3,591	△0.2
VII　自己株式	※6	△248	△0.0	△545	△0.0
資本合計		483,237	25.1	720,866	34.1
負債、少数株主持分及び資本合計		1,923,142	100.0	2,113,391	100.0

表 1-8　損益計算書の実例（住友金属工業 2005 年度）

区分	注記番号	前連結会計年度 （自　平成16年4月1日 至　平成17年3月31日） 金額(百万円)	百分比 (%)	当連結会計年度 （自　平成17年4月1日 至　平成18年3月31日） 金額(百万円)	百分比 (%)
I　売上高			1,236,920	100.0		1,552,765	100.0
II　売上原価	※1 ※2		924,258	74.7		1,106,953	71.3
売上総利益			312,662	25.3		445,811	28.7
III　販売費及び一般管理費							
1　製品発送費		38,084			42,690		
2　従業員給料手当		39,572			41,206		
3　研究開発費	※2	12,905			14,952		
4　その他	※1	39,220	129,783	10.5	41,157	140,007	9.0
営業利益			182,878	14.8		305,804	19.7
IV　営業外収益							
1　受取利息		1,726			963		
2　受取配当金		2,490			3,093		
3　持分法による投資利益		14,104			16,676		
4　その他		8,019	26,340	2.1	6,757	27,491	1.8
V　営業外費用							
1　支払利息		17,536			12,299		
2　為替差損		－			9,943		
3　固定資産廃却損		4,351			－		
4　その他	※1	14,085	35,973	2.9	30,318	52,561	3.4
経常利益			173,245	14.0		280,733	18.1
VI　特別利益							
1　投資有価証券売却益		29,372			47,871		
2　固定資産売却益	※3	1,196			－		
3　その他		848	31,417	2.5	－	47,871	3.1
VII　特別損失							
1　固定資産廃却損	※4	16,823			8,244		
2　減損損失	※5	－			3,179		
3　事業再編損	※6	6,839			4,788		
4　PCB処理費用	※7	－			2,108		
5　完成工事補償損失	※8	－			4,101		
6　退職給付引当金繰入額	※9	6,534			－		
7　災害損失	※10	3,489			－		
8　その他		1,398	35,085	2.8	－	22,422	1.5
税金等調整前当期純利益			169,577	13.7		306,183	19.7
法人税、住民税 　及び事業税		16,139			102,662		
法人税等調整額		40,741	56,881	4.6	△20,305	82,356	5.3
少数株主利益			1,831	0.1		2,573	0.2
当期純利益			110,864	9.0		221,252	14.2

1.2.3　ビジネスモデルと事業計画書

　企業の社内で新規事業（製品）を目標として研究計画を考える場合、あるいは自分で起業しようとする場合には、事業（製品）の特徴、どのような点で差別化するか、どこで儲けるか、といったビジネスモデルを明確に意識しなければならない。ビジネスモデルを考えるためのフレームワークとして、アレックス・オスターワルダーとイヴ・ピニュールが開発したビジネスモデル・キャンパス（参考文献4）が知られており、この講義でもこのモデル（図1-5）を用いて説明した。

```
┌──────────┬──────────┬──────────┬──────────┬──────────┐
│ KP    ⑧  │ KA    ⑦  │ VP    ②  │ CR    ③  │ CS    ①  │
│ Key Partner│Key Activity│Value    │Customer  │Customer  │
│ パートナー │主要活動   │Proposition│Relation  │Segment   │
│          │          │価値提案   │顧客との関係│顧客セグメント│
│          ├──────────┤          ├──────────┤          │
│          │ KR    ⑥  │          │ CH    ④  │          │
│          │Key Resource│          │Channel   │          │
│          │リソース   │          │チャネル   │          │
├──────────┴──────────┴──────────┴──────────┴──────────┤
│ C$  Cost Structure    ⑨ │ R$  Revenue Stream    ⑤     │
│     コスト構造            │     収益の流れ               │
└──────────────────────────┴──────────────────────────┘
```

図1-5　ビジネスモデル・キャンパス

　このフレームワークには、顧客セグメント、価値提案、顧客との関係、販売チャンネル、収益の源泉、リソース、主要な活動、パートナー、コスト構造とビジネスを考える上でのキーポイントがお互いの関係を描ける形で配置されている。理系の出身者は、とかく技術の優位性に重きを置いてビジネスを考えがちであるが、顧客をはっきり認識できているか、そのための販売チャンネルを考えているか、リソースは十分か、外部との連携に対する準備、そしてどこで儲けようとしているか、どこに他社

18

との差別化を生み出すかを明瞭に記載するようにできている。ビジネスモデル・キャンパスの例として、同じ参考文献4に記載されているSkype社のモデルを図1-6に示す。このモデルでは、無料のサービスが当初の主要活動となっているが、顧客セグメントの捉え方、販売チャンネルや収益の流れを明確に捉えたビジネスであったことが評価され、eBay社にさらにはMicrosoft社に買収されることとなった。

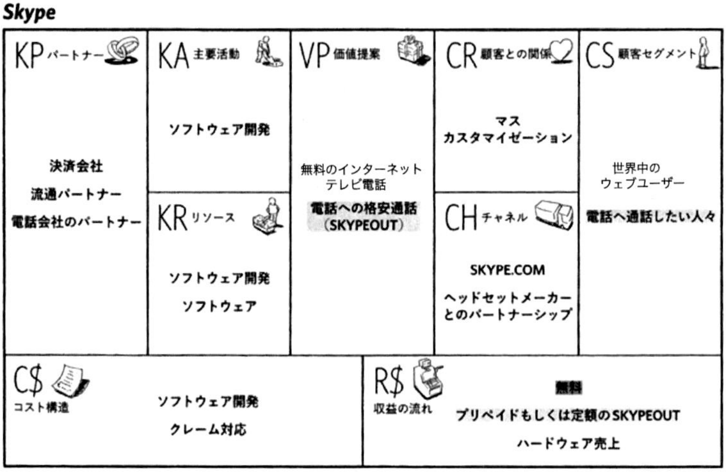

図1-6　ビジネスモデル・キャンパスの例（Skype）
（出典：参考文献4）

　ビジネスモデルを明確にすることができると、次は事業計画書の作成に進む。市場予測、技術開発計画、開発リスクの把握などが前提となり、製品やサービスの単価を設定して、5年くらい先までの収益予測と運転資金の調達予定を記載する。

　ベンチャー企業を想定し、簡略化したモデルでの想定事業計画書を表1-9に示す。この例では、売価10万円の商品を、材料費1万円で製造を全て外注する（外注単価5万円）モデルである。当面2名で運営し、4

年目から人員を増やす。4年目にはバージョンアップを行うとともに売
価を値下げする。

表1-9　簡略化した事業計画書例（ファブレス）

(千円)

		1年目	2年目	3年目	4年目	5年目
開発計画		1ロット試作 改良	量産開始 改良		Version Up	
売上	単価	100	100	100	90	75
	数量	10ケ(無料20ケ)	100	500	1,500	4,000
	売上額(a)	1,000	10,000	50,000	135,000	300,000
変動経費	原材料費	10X30ケ=300	1,000	5,000	15,000	40,000
	外注費	50X30ケ=1,500	5,000	25,000	40 X 1500 = 60,000	160,000
	営業費	—	4,000 X 1	4,000	10,000	20,000
	小計(b)	1,800	10,000	34,000	85,000	220,000
固定費	開発要員	2	2	1	2	2
	管理要員	兼務	兼務	1	2	2
	人件費(c)	4,000 X 2 = 8,000	8,000	8,000	6,000 X 4 = 24,000	24,000
	事務所費他(d)	—	—	500	1,000	3,000
設備投資	投資金額	—	—	—	—	—
	償却費(e)	—	—	—	—	—
純利益	a-b-c-d-e	-8,800	-8,000	7,500	25,000	53,000
利益率					19%	18%
キャッシュフロー		9,800千円必要 自己資金 10百万円	追加銀行借入 10百万円	追加借入または VFからの出資受入		銀行からの短期借入 必要（運転資金）

表1-10　設備投資をして一部内製化する事業計画書

(千円)

		1年目	2年目	3年目	4年目	5年目
開発計画		1ロット試作 改良	量産開始 改良		Version Up	
売上	単価	100	100	100	90	75
	数量	10ケ(無料20ケ)	100	500	1,500	4,000
	売上額(a)	1,000	10,000	50,000	135,000	300,000
変動経費	原材料費	10X30ケ=300	1,000	5,000	15,000	40,000
	外注費	50X30ケ=1,500	5,000	25,000	20 X 1500 =30,000	80,000
	生産人件費				5000	10,000
	営業費	—	4,000 X 1	4,000	10,000	20,000
	小計(b)	1,800	10,000	34,000	60,000	150,000
固定費	開発要員	2	2	1	2	2
	管理要員	兼務	兼務	1	2	2
	人件費(c)	4,000 X 2 = 8,000	8,000	8,000	6,000 X 4 = 24,000	24,000
	事務所費他(d)	—	—	500	1,000	3,000
設備投資	投資金額	—	—	100,000	—	30,000
	償却費(e)	—	—	20,000	20,000	26,000
純利益	a-b-c-d-e	-8,800	-8,000	-12,500	30,000	97,000
利益率					22%	32%
キャッシュフロー		9,800千円必要 自己資金 10百万円	追加銀行借入 10百万円	VF 出資150百万円（主に設備投資）		銀行からの短期借入 必要（運転資金）

　3年目から少し純益が出る。これに対し、製造を全て外注するのではなく、設備を購入して製造の一部を内製し、5年目以降の利益率を上げる計画としたものが表1-10である。

　いずれの場合でも、安い給与（400万円）で一緒に事業をしてくれる人材が前提となっている。最初の試作品の段階で買ってくれる顧客が見つからないと、さらなる運転資金が必要となる。また、最初の2年間は知り合いの場所を借用して、事務所費用が不要と仮定している。3年目に設備投資をするには、ベンチャーファンドからの出資を仰がないといけない。また、この事業計画書には現れないが、流通チャンネルの確保も大切な課題である。このように具体的な数字を入れた事業計画書を作成すると、ベンチャーファンドや主要顧客などへプレゼンテーションすべき時期までも見えてくる。

1.2.4　マーケティングの基礎

　事業計画書を作成する場合だけでなく、企業の中で研究計画書を作成する場合であっても、想定できる顧客をしっかりと理解し、市場規模やその中での立ち位置を、企業の中にあっては上司に、起業家の場合はベンチャーファンドなどの資金提供者に説明できないといけない。そのための調査・分析作業としてのマーケティングの概要を記載する。

（1）マーケティングの変遷　（参考文献5、6）

　1970年代から、製品中心のマーケティング1.0といわれる活動が始まっている。これは、4Pといわれる製品、販売ルート、価格を考えて宣伝を主体とするものであった。その活動がオイルショックなどによる不景気を経験して、顧客（消費者）志向のマーケティング2.0に進化した。そこでは、ターゲットとなる顧客の絞り込み、差別化ポイントを十分考慮して市場投入時期を考えることが始まり、戦略的に体験を売ることも考

えられた（参考文献7）。次にことづくりを考え、顧客のベネフィットを重要視するマーケティング3.0へ進化した。ここでは"共創価値"が重要視され、サービスの質や地球環境への配慮も大切な要素となった。決定権のある人にどうやって説明するかが課題となり、競合の把握のために定期的な顧客とのコンタクトが求められた。スターバックスが使い捨てカップの削減に努めたり、タバコをやめると保険料が下がるサービスも現れた。

　さらにネット情報の氾濫、ネット通販の進展を受けて、オンラインとオフラインとをいかに結びつけるかを考える、マーケティング4.0の時代がおとずれている。そこでは、いかに商品やサービスに信頼を寄せる、ロイヤリティを持つ人を育て、大事にするかが一つの焦点となっている。図1-7に示すように初期購買率とその後の再購買のデータから製品やサービスを見直し、いかにブランド力を育てるかが課題である。

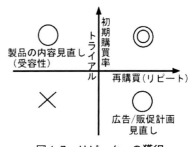

図1-7　リピーターの獲得
（出典：参考文献8）

（2）競合の調査（参考文献8）

　競合のない商品・サービスはほとんどない。市場が小さく競合がない状態で販売している商品であっても、ひとたび市場が大きくなってくると、たとえ特許などで防御していても、どこからか競合製品が出てくる。事業計画や研究計画を立てるときには、すでに競合製品・サービスが存在するかどうかを調べなければならない。同業者が同じような研究開発や事業を考えていることは十分ありえる。研究者としては、学会などで十分、他社の動向を注視すべきである。

22

　近年、商品のライフサイクルはどんどん短くなってきている。研究開発が成功して市場に出せたとしても、販売量が増えてくると競合の参入が起こり、価格は下落を始める。さらに代替製品が出てくると一気に販売量が下がることになる（図1-8）。したがって、研究開発期間の短縮への圧力は高くなり、高い利益が予測できないと、開発費用や設備などの初期投資が回収できなくなる。

　競合をなるべく避けて、市場は大きくならなくとも利益を上げる、ニッチ戦略も考えられる。ニッチ戦略には、特殊なニーズに的を絞ったもの、特定の販売チャンネルに限定したもの、期間限定で販売するものなどのほか、競合品への切り替えコスト（注1-5）がかかることで優位を保つなどの戦略がある。

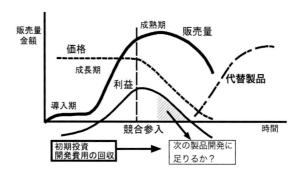

図1-8　価格変動と開発費用の回収

（注1-5）装置の部品として設計に組み込まれている場合、エンドユーザーの嗜好で仕様が決められている場合などは、競合品に切り替えるためには、それなりの費用や宣伝などが必要で切り替えコストがかかる。

（3）BtoB ビジネス（参考文献 9）

　国内の製造業の中には、化学素材、鉄鋼材料、電子部品、自動車部品など、一般消費者相手の商取引をせず、別の企業を相手に商取引を行う、

BtoB（Business to Business）ビジネスを主力とする企業が数多くある。それらの企業の中には製品の世界的シェアの高い企業も多く、博士課程修了生が就職することも多い。

　BtoB ビジネスでは、一般消費者相手のビジネスとは違うマーケティングや営業活動が必要となり、特に、顧客のニーズをどのようにして的確に把握するかが課題となる。顧客のニーズの中には、顧客が開発している次世代製品に関する情報が入っており、これを聞き出すことは難しい。顧客の中で開発担当などのキーパーソンをいかにして見出すか、忙しく仕事をしている相手にどのようにして面会するか、継続的に面談するなどで信頼関係を築くことなどを努力しなければならない。

　顧客への提案活動などを通し、顧客のニーズを把握することができ、一旦顧客に採用してもらえると、顧客の製品の設計の中に組み込まれることが多く、そのために比較的長期間のビジネスにつながることになる。納入した素材、部品などにトラブルが生じクレーム処理が発生することも起こりうるが、クレーム処理が発生したときこそ、そのときの対応次第で顧客との信頼関係が強固になる機会と捉えることが大切である。

　経済用語には、良い競争業者、サンクコスト、機会費用、比較優位、逆選択など理系の研究者でも知っておいた方がよいことが多い。そこで、参考文献10、11 を基にして、「理系でも知っておきたい経済」と題した解説冊子を作成し、受講生に配布した。

1.3　製品展示室見学とディベート

（1）製品展示室見学

　SiMS プログラムの履修生には、基礎研究を専攻している学生が多い。「ことづくり」の講義や演習において、どんな価値を見出すか、誰がその価値を認めてくれるか、などを考察する際に、家電製品など自分たちの

身の回りにあるものだけを考えがちである。そこで、この講義の一環として、素材や部品を製造している企業の展示室の見学を計画した。当初、金属・鉄鋼企業の製品展示室と化学分野の企業の製品展示室を訪問した。その後、ベンチャー企業からの講師の話を追加することや、ディベートの時間を取り入れたことから、2017年度からは展示室見学は1社とした。

　展示室を見学し、研究開発の説明を受ける中で、日頃あまり目にしない、あるいは特別関心を持って見たことのない素材などの中に、思いもしないところで使われていたり、多方面にわたる応用の中にいかに優れた性能が隠されているかを知り、学生には驚きであった。ユーザーを意識して製品が研究開発されていること、ユーザーの次世代製品を考え提案できる素材を開発していく姿勢、その中に世界一を目指した明確な目標があることを学んだ。

　また、企業の中の研究開発は大きく分けて、短期的な製品開発に直結した、事業部（製造部）主導の開発と、本社主導で次の主力製品を生み出すための研究とがあること、博士課程を卒業した研究者は、本社主導の研究組織に配属されることが多いとの話も聞いた。学生の専攻分野の研究がどのような応用分野への展開が考えられるか、「ことづくり」への道を探索する世界が広がってくれれば幸いである。

（2）ディベート

　ディベートは欧米から導入された、論理的思考、批判的思考を育てる教育手法であり、近年では歴史認識などを対象とする社会科、理科、道徳など、小学校から中学校、高等学校で多くの教育に用いられている。大阪府立大学においても、工学研究科の中川智皓助教が、多くの高等学校や社会人教育向けに「即興型英語ディベート実践」（参考文献12）の研修を行い、文部科学省初等中等教育局の「平成28年度総合的な教師力向上のための調査研究事業」に採択されている。

　研究者として活躍するためには、サイエンスという知の本質の理解とともに、広い視野を持てるような多様な価値観に対する理解、リーダーとして活動できるような人間性が必要とされる。そのためにはディベートを経験することがよいと判断し、この科目の中で2コマを当てることとした。SiMS プログラムには専攻の異なる学生が入っているが、理系の学生ばかりであることを考え、社会課題を対象に意見を積極的に言えるようになることを目標とし、議論することが目的であることから、日本語でのディベートとした。

　ディベート演習の課題選定に際しては、東京大学で実施された学生のディベート（参考文献13）を参考にして、理系学生に関心が高そうな話題として、

2017 年度	科学者はどこまで社会に対して責任を負わねばならないか
2018 年度	学問の文系と理系の区別は必要か
2019 年度	AI 研究は人為的にコントロールすべきか

を選んだ。

　2017 年度のテーマはイタリアのラクイアで起きた地震に関する科学者の責任を問う裁判やマンハッタン計画の端緒を作った研究などを参考にして、

（A）科学者は自分の研究内容が社会に及ぼす影響、自分の発言に責任を負う

（B）科学者の責任はあくまでも限定的であり、その内容について広く責任を負わない

の立場に分かれて、自分の立場を論理的に擁護する発表を行った。事前に参考資料を読んできた学生も多く、活発な議論となった。参考資料の意見の受け売りと思われる議論もあったが、それでも立場を考えた意見主張を考えることに意義があり、学生がディベートをある程度理解した

議論になっていた。終了後、1日1コマだけの時間内では議論が足りないとの意見があり、次年度から2日2コマをディベートに当てることにした。

2018年度は文系、理系の区別を課題に取り上げたが、参加者である受講生が全員理系であることから、なかなか本質的な議論に結びつかず、大学受験での区分と関連づけての発言が目立ち、文系への理解不足が否めなかった。

2019年度は前年度の反省から、理系の学生に関心の高いテーマとし、

（A）AI研究は放置すると危険なので、コントロールは必要である

（B）コントロールすべき部分は部分的に決めることができ、限定すべきである

との立場に分かれての議論を行った。テーマに関心の高い受講生も多かったが、二つの立場の差異を明確にした上での議論があまり簡単でなかったようで、主張の展開が少し中途半端に終わった。

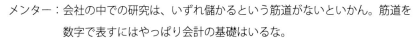

ちょっと一休み①　『会計の話』

博士課程大学院生のタケル君が、講義の後でメンターのおじさん
と話始めました。

タケル君：今日は、会計の話を聞いたんですが、理系の研究者に、
　　　　　会計の話って必要なんですか？

メンター：会社の中での研究は、いずれ儲かるという筋道がないといかん。筋道を
　　　　　数字で表すにはやっぱり会計の基礎はいるな。

タケル君：会社の中には、会計なんかをよく知っているプロがいるんでしょう。そ
　　　　　の人たちに頼めばいいんじゃないですか。

メンター：君たちが「研究計画書」を書いたり、高額な研究設備を買いたいと思っ
　　　　　て申請書を書いたりするとき、会社の会計の専門家は手伝ってくれませ
　　　　　ん。提出された書類にケチはつけるけどね。

タケル君：会社の上司や先輩に聞くのはどうですか。

メンター：よっぽど親切な先輩に当たらんと、申請書を書く前から教えてはくれん
　　　　　と思うね。君が書いたのが、メチャクチャな申請書やと分かってから教
　　　　　えてくれるかもな。

タケル君：メンターさんも、大学で会計の基礎を教えてもらったことあるんですか。

メンター：僕らは学生の時に、会計のことは全く教えてもらってない。会社に入っ
　　　　　て、研究所で消耗品と固定資産の区別も知らんで最初は結構とまどった。

タケル君：それじゃ、僕も会社入ってから周りに教えてもらうことでも大丈夫じゃ
　　　　　ないでしょうか。

メンター：もちろん、失敗しながら勉強する方が身につくかもしれん。だけど、あ
　　　　　る程度知ってたら、先輩に聞きやすいし、少し勉強するにもどんな本を
　　　　　見たらいいか見当がつきやすいでしょう。まあ、少しでも余裕を
　　　　　持てて、研究に集中できたら、と思って教えてる。

　　　　　タケル君：なるほど、分かりました。

第2章　企業研究者への心構え

2.1　講師（企業研究者）への依頼内容

SiMS プログラムの履修生は、いろいろ
な専攻分野から集まっているので、講師も
さまざまな業界の企業に依頼した。2015 年
度から 2019 年度までの 5 年間で延べ 40 社
から、現役研究者および研究者 OB を講師
として招聘した。講師の業界は表 2-1 に示
すように、電機・事務機器から医薬品業界

表 2-1　企業講師の業種

電機・事務機器	4社
化学	4社
機械	2社
鉄鋼・金属	1社
非鉄	1社
医薬品	2社
ベンチャー	2社

まで多岐にわたり、さらにベンチャー企業 2 社の社長にも講義を依頼し
た。

　民間企業研究者の業務内容はもちろん社外秘である。そこで、講師の
方々には、具体的な研究内容や組織、研究結果などは講義内容から外し、
心構えや日々の仕事の進め方などについて、

- 自身で経験してきた研究・開発テーマの見つけ方
- 研究テーマを開始する際の上司への説明方法
- テーマ継続可否の判断基準
- 研究・開発が成功した際に実用化（生産）にどこまで関与したか
- 実用化されたときのシステム全体への影響、価値などを認知して
  いたか
- 大学での勉強・専門と、企業に入ってからの仕事との関係
- テーマの中断が決定されたときに対処した経験

などについての講義を依頼した。

　講師からの話は

①企業の簡単な紹介と研究体制

②自分の経験した研究開発での成功事例と成功した要因

③研究開発テーマの創出、選択と、継続

④企業研究者として活躍するための心構え

⑤企業が期待する研究者、技術者

と、学生が日頃聞きたくともなかなか聞くことができない話であった。特に、実際の経験を基にした講義は、企業での開発の姿勢、心構えなど非常に理解しやすい内容となっていた。本書では講師からの話の中で、具体的な研究テーマや成功事例については記述せず、研究者の心構え、研究テーマの始め方、成功するための努力などに分類し、たくさんの講義内容を編集して記述する。

2.2　イノベーションを起こすための心構え

（1）基礎科学の土台づくり

　技術的なイノベーションを起こせる人材となるためには、まずその基盤となるサイエンス（基礎科学）のしっかりした知識や理解が必要である。イノベーション人材として、T 型の技術者とかΠ型の技術者（注 2-1）を目指せといわれるが、基礎科学の土台に裏打ちされた自分の専門、専攻での学問、技術の深掘りがあって初めて、横への展開の意義が出てくる。一つの学問の構造、構築の仕方を身につけると、隣の学問が必要になったときも、同じような考え方で進めることができる。オープン・イノベーションを進めるために外部との協業を推進するためにも、外部の専門家と渡り合えるだけの専門分野がないと相手にされないなど、キーテクノロジーの深掘りがとにかく大事である。

　学生は、企業での活躍を考えると、自分の専攻分野と同じコアテクノロジーを持つ企業への就職を考えることが多いが、企業の主力製品や業

種にかかわらず、いろいろな専門分野を活かせる可能性はいっぱいある。企業のコア技術でない分野で専門性を有していると、その企業の中で、特定の研究開発で頼りにされることもある。大学の専攻と離れた企業に就職しても、大学で学んだことを必ず活かせる。企業での研究開発はチームで行うことが多く、異分野の研究者、技術者と一緒にチームとして研究開発を行うときに、基礎科学の土台がしっかりしていないと、異分野の専門家の話が理解できないことになる。

　講師からは、博士課程修了者には、専攻での研究開発をしっかり行うことで

- 高度な学術知識の収集整理体系化により、自らの研究開発業務の立ち位置を認識する力
- 自分の研究のオリジナリティをきちんと説明し、研究予算を獲得する力
- 先行文献などの情報の中から有用、不要を吟味できる力
- 学会などでの議論を通じた、幅広い人脈づくりができる力

をつけてほしい、との話を聞いた。また、大学での研究であっても、スケジュール管理とか目標の設定とか、アウトプットを意識した活動を行うことが将来企業で活躍するためには有用である。さらに異分野の研究にも日頃から関心を持つことで、広い視野を持つことができ専門分野の深堀りにも活きてくる。

(注 2-1) 特定の領域に特化するスペシャリストを「I型人材」と呼ぶのに対して、得意分野をベースに周辺領域まで理解できる人材を「T型人材」、複数の専門領域に精通し、かつ全体の調整機能も担える人材を「Π型人材」という。

(2) コミュニケーションとプレゼンテーション

　イノベーションを起こせるような、あるいは起爆剤となりうる研究は、

そのほとんどが何人かの研究者の協力体制で進められる。チームでの活動とか共同研究の生産性を左右するのが、相互のコミュニケーション力であろう。世界と競争する研究者としては、いかに自分の考えをきちんと示すことができるかが必要で、プレゼンテーション力、ディベート力、ディスカッション力が問われることになる。

　情報を発信するからには、相手に伝わって理解してもらうことが前提である。そのためには、準備と心構えが必要である。

①話の受け手の理解度、理解プロセスを分かった上で伝える。

　　理路整然を好む人もいれば、感覚的に全体像を捉える人もいる。

　　受け手は、自身の経験と言葉に置き換えていることを理解する。

②伝えたいことを予め整理する。

　　書いて渡すことができれば、誤解がないし、箇条書きにできればなおよい。

③繰り返して確認する。

　　一度伝えただけでは正確には伝わっていないと考え、クドいと思われないように気をつけながらも、繰り返して確認することが大切である。

④明瞭な発音を心がけ、あまり早口にならず自信を持って話す。ボディ・ランゲージ（身振り）をうまく使うと、自分の意図が伝わりやすい。

　また、コミュニケーションを円滑に行うには次のような「べからずリスト」に気をつける。

（a）ながらで聞いてはいけない。

　　パソコンに向かって仕事をしながら人の話を聞くのはもってのほか。まっすぐ向き合って、相手のことに集中しているという態度で聞く。

（b）「結論を言え」と急がせてはいけない。

（3分間）黙って相手の話を聞く辛抱が大事。

（c）相手の発言を遮ってはいけない。

プレゼンテーションは、研究提案、研究結果の報告、あるいは市場調査の報告など、さまざまな場面で決定的な要素となる。プレゼンテーションを行うには目的（技術PRなのか、トラブルへの返答なのか、決定のための提案なのか）を明確にした上での準備が問われる。プレゼンテーションのスキルとして

①見る人が読めないような細かな文字を使わない

②理解が進むように、図、表、イラストを活用する

③特に理解してほしいことを強調する

④専門用語をなるべく使わない

⑤1枚目、2枚目と分かりやすい繋がりを心がける

など当たり前のことをしっかり理解し実行することが大事である。

コミュニケーションやプレゼンテーションを円滑に行うには、話し方、発声が大事な要素となるので、日頃から発声練習を心がけるとよいし、大事な場面の前には、十分な予行演習も必要となる。最近、何事も電子メールやSNSで連絡を取り合う場面が多くなっているが、メールだけでは、相手が気づかない可能性もある。やはり顔を合わせてのコミュニケーションが大事である。相手の反応も見ながら、できるだけ大きな声で伝えたいことを丁寧に伝えることが、相手への礼儀になる。本当に重要な情報はネット上にはなく、人から直接手に入れるしかない。朝の挨拶「おはよう」も大切なコミュニケーションである。周りの雰囲気を良くする効果があるとともに、自分も元気に仕事を始められる、という大事な効果がある。挨拶のトーンだけで、その日の体調が分かるともいわれる。

どうしてもメールで報告する場合、最初に要点、結論などを簡潔に書く。悪い内容の報告ほど、早く伝えるように心がける。顧客から受けたメールには、必ず48時間以内に何らかのレスポンスを出すという企業も

多い。その場合、たとえ返答できる内容がまだ検討できていなくとも、
「いつまでに返事します」でもよい。伝えたいことと聞きたいこととは違
うと考え、まず聞き手が聞きたいと思っている内容を伝えた上で、話し
手側の伝えたい内容を記述する。

[とにかく準備　Prepare ！ Prepare ！ and Prepare ！]
　何事にも準備を第一と考える。何か周りに意見を言ったり、行動を起
こす前に、一度立ち止まって準備が十分か考える。あなたが何か提案す
るときには、往々にして聞き手側の 20％は賛成だが 20％は反対の人もい
ることを考えて準備する（図 2-1）。見方を変えると、少しくらい反対意
見が出ても落ち込まず、賛成する人を増やす努力をすればよい。

20% 賛成	60% 状況次第でどちらにも	20% 反対

図 2-1　2・6・2 の法則

（3）効率的な会議

　チームで進めている開発状況を共有するとき、企業内での方針を決め
るとき、トラブルの処置を決めるときなど、対外的な交渉の場を含めて、
いろいろな会議に出席することになるであろう。日本人は会議が下手だ
とよくいわれる。企業内での会議でも、時間ばかりかかって、なかなか
結論が出ないとの批判もある。だから会議の時間を削減しようとする動
きすらあるが、やはり会議の中での面と向かってのコミュニケーション
は避けられない。国際的な会議に出席経験のある講師からは、会議への
出席に際して、ややもすると日本人の事前準備が足りないことがあった
り、細部にこだわって大方針の議論に参加するのが下手との話もあった。
　企業の中での会議に出席する際は下記のことを心得る。

①会議の趣旨、何を決める会議かを理解する。

②仕事が忙しいからといって準備を怠ってはいけない。自分の仕事の
　効率や問題を解決するために、周りからの支援を受けるべく出席す
　るのだから、できれば事前に提出する書類を準備する。

③人の発言を遮らず、内容を吟味してから、自分の主張を発言する。

④書類で説明したり、白板に書くことで理解が進むことを心得る。

この節の最後に、第一次南極越冬隊長として、さらに「雪山賛歌」の
作詞者としても有名な西堀榮三郎氏による、十五ヶ条の技士道を表2-2
に提示する。

表2-2　西堀榮三郎の『技士道十五ヶ条』

一	技術に携わる者は、「大自然」の法則に背いては何もできないことを認識する。
二	技術に携わる者は、感謝して自然の恵みを受ける。
三	技術に携わる者は、人倫に背く目的には毅然とした態度で臨み、いかなることがあっても屈してはならない。
四	技術に携わる者は、「良心」の養育に努める。
五	技術に携わる者は、常に顧客志向であらねばならない。
六	技術に携わる者は、常に注意深く、微かな異変、差異をも見逃さない。
七	技術に携わる者は、創造性、とくに独創性を尊び、科学・技術の全分野に注目する。
八	技術に携わる者は、論理的、唯物論的になりやすい傾向を戒め、精神的向上に励む。
九	技術に携わる者は、「仁」の精神で他の技術に携わる者を尊重し、相互援助する。
十	技術に携わる者は、強い「仕事愛」をもって、骨身を惜しまず、取り越し苦労をせず、困難を克服することを喜びとする。
十一	技術に携わる者は、責任転嫁を許さない。
十二	技術に携わる者は、企業の発展において技術がいかに大切であるかを認識し、経済への影響を考える。
十三	技術に携わる者は、失敗を恐れず、常に楽観的見地で未来を考える。
十四	技術に携わる者は、技術の結果が未来社会や子々孫々にいかに影響を及ぼすか、公害、安全、資源などから洞察、予見する。
十五	技術に携わる者は、勇気をもち、常に新しい技術の開発に精進する。

（出典：参考文献14）

2.3　リーダーシップ

　リーダーシップについては、古今多くの書物に書かれているし、業態によっては少し違うかもしれないが、的確な表現の代表例が、ピーター・ドラッガーのリーダーシップ論であろう。

> リーダーシップとは、一人一人が自らの頭で考え、自ら率先して一歩を踏み出し、チームの成果に貢献すること。自分の考えを押し付けて、組織を動かすことを意味しない。

リーダーの仕事

（1）目標の設定

　　ゴールのあるべき姿を明確にすることがまず第1で、テーマを提案した人がリーダーとなることが多い。リーダーになれば、予算の獲得、マイルストーンの設定が求められる。チーム編成をある程度任されることも多い。

（2）良いチームづくり

　　チームメンバーが目標を共有し、結束することが重要である。そのためには、リーダーが部下を信用していることが部下からも分かること、部下の仕事にある程度の自由度が与えられていることが大切である。また、社内には、このチーム活動に必ずしも協力的でない人がいることがままあり、周りからのチームへの雑音を防ぐ（盾となる）ことで、チームの活動に支障がないようにすることもリーダーの仕事である。

　　チーム員の力量が足りないと嘆いてはいけない。集まったチーム員のレベルを上げていく努力をすべきである。

（3）スケジューリング

　　構成要素を全て書き出し、それぞれのスケジュールと担当者を決

める。さらに、実行方法までブレークダウンする。

定期的にミーティングを開くことで進捗状況を確認し、チーム内で情報を共有する。スケジュールの修正、アップデートも行う。

（4）手本になる

チーム活動の生産性を上げるためには、見本となってリーダーが動くこともあろう。これによって部下のモチベーションが上がることも十分考えられる。

講師の方々は、いろいろな研究開発チームでのリーダーとしても経験があり、自分の経験からリーダーとしての資質や実践するべき行動力について話があった。リーダーの仕事が理解できれば、おのずとリーダーとして必要な資質が見えてくる。ある程度は元からの資質かもしれないが、多くのことは経験と自らの訓練で身につく。

①明確なビジョンを描くことのできる目標設定能力

②チーム運営で迷うことのない判断力

③チームメンバーからの話を聴き取れるコミュニケーション能力

④チームメンバーを育て、任せられるようにできる育成能力

⑤メンバーの信頼を損なわない誠実さ

⑥メンバーがのびのびと動けるように、必要なときは責任を取る意識

⑦メンバーの手本となれるような業務遂行力

⑧メンバーや、チーム外の人からのアドバイスに耳を傾けられる寛容力

これらの資質や実行力は、優れた上司に巡り合ったときには、そのスタイルから学ぶことも多く、意識的に上司のやり方を自分なりに真似ることも有用である。目一杯の行動をするのでなく、常に自分の最高のテンションの80％程度の状態を維持して事に当たることで、冷静な判断、行動ができる。

自由な発想やそのためのモチベーションが研究開発チームの中で損な

われないために、

● モチベーションを下げる言動をしない

● モチベーションを下げることを言わない

● モチベーションを下げるような言動を聞かない

● モチベーションを下げるような言動をさせない

ことに気をつける（四無いマネジメント）。 また、チーム員のやったことを要領よくまとめて説明することだけが上手なリーダーにならないように注意する。

```
リーダーの心の持ち方
明るく　（自分の顔を鏡に映してみる）
強く　　（チームの方向を示す強い心、持久力、恐れない心）
優しく　（人を責めないこと）
```

2.4　ベンチャーを起業するための心構え

　ベンチャー企業の社長が、起業するまでの経緯、起業したときの経験から、

　　起業は究極の自己表現であり、苦労する価値がある

との思いを熱く語った。

　（1）自分で考えて決める

　　"ものづくり"だけでなく、"ビジネス"がしたい、という自分の熱意が本物か、継続できるか。周囲からの否定的な助言に、自分の信念で打ち勝つことが大切である（起業した経験がない人は、やめた方がいいと根拠のない話をしがちである）。

　　ビジネスリスクは回避不能であるが、リスクを"制御する"心構えがあれば挑戦できる。

（2）市場がある程度顕在化していることが重要

　　全く新しいことを始めたり、市場があるかどうか分からない事業を始めるのではなく、市場がある程度顕在化していて、しかもプロにしか見えていない市場が最適である。技術的に優れているから売れるのではなく、お金を払ってでも何とかしたいと思う「困り事」を解決することがビジネスにつながる。図2-2に米国CB Insights社が発表しているベンチャー企業の失敗理由トップ10を示しているが、一番多い理由は「そもそも市場がなかった」というものである。

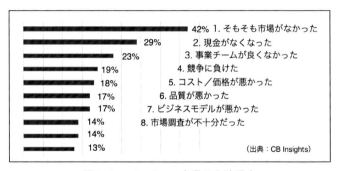

　42% 1. そもそも市場がなかった
　29% 2. 現金がなくなった
　23% 3. 事業チームが良くなかった
　19% 4. 競争に負けた
　18% 5. コスト／価格が悪かった
　17% 6. 品質が悪かった
　17% 7. ビジネスモデルが悪かった
　14% 8. 市場調査が不十分だった
　14%
　13%
（出典：CB Insights）

図2-2　ベンチャー企業の失敗理由

　　また、最近の破壊的イノベーションとなったベンチャー企業の例（図2-3）を見ても、すでに市場があるところでの起業であったことが分かる。
　　すなわち

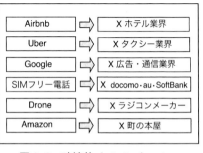

Airbnb	⇨	X ホテル業界
Uber	⇨	X タクシー業界
Google	⇨	X 広告・通信業界
SIMフリー電話	⇨	X docomo・au・SoftBank
Drone	⇨	X ラジコンメーカー
Amazon	⇨	X 町の本屋

図2-3　破壊的イノベーション

　　　　市場のニーズに従順＋前例主義の否定≒勝者

となっていることが分かる。

とはいえ、一人あるいは少数の人数で始められることは限られて
おり、その中で利益を出せる仕事を考えなければならない。

(3) 起業準備としての就職の可能性

　講師のベンチャー企業社長の一人は、「ビジネスを最短時間で学べ
る会社に就職したい」との思いから、製造業の中小企業に就職し
11年間働いた。勢いのある、しかも平均年齢の若い会社の方が学
べるところは多い。もともと就職することで得たいと考えていた、
会社が儲かるための仕組みや、起業するための知識はほとんど得
られなかったが、いろいろな部署で経験を積むことはできた。ま
た、自分が興味がないことでも"やらされた"仕事は起業するの
に役に立った。一方で、大企業で働きながら起業マインドを維持
することは難しい。最初から何年で企業を離れ、あらたに起業す
るかを決めておくことも大事である。

(4) 起業仲間を集める難しさ

　起業準備として就職した企業で知り合った、能力の高い仲間を当
てにしていたが、創業初期の苦しい時期を一緒に乗り越えてくれ
る仲間とはならなかった。能力の高いことよりも、意気投合して
くれる、理念や使命の実現に貢献してくれる仲間を探さないとい
けない。たとえ仕事として必要な技術の未経験者であっても、熱
意があれば1年ないし2年の教育で、使えるエンジニアになれる。

(5) 開業資金の乏しさへの対応

　初期の資金の乏しい時期は、周囲の人たちの支えが頼りである。
ちゃんとした事務所とか製造場所を借りると賃料が高い。一緒に
始めてくれた社員の給料の確保も大変であり、開発備品などの調
達も工夫しなければならない（講師の場合は、自作と、中古品購

入でまかなった）。最初から独自製品を出すことは難しいので、受
託開発、OEM 事業やコンサルティングで日銭を稼ぐことにもな
ろう。

（a）受託開発事業は、継続性が低く効率は悪いが、多くの顧客候
補を立ち回ることで仕事を受ける可能性が出てくる。小型船
での投網漁法のようなもの。

（b）OEM 事業では、希少性の高い技術を持つことが大事で、独
自で生産ノウハウを持てるようになると始められる。利益率
はそれほど高くないが継続性があることで経営が安定できる。
漁業の例えで言うなら、養殖事業であろう。

（c）自社商品事業はコア技術が固まってきて、市場がよく理解で
きるようになってから始める。利益率は高くなるが、市場を
少しでも読み間違えると命取りになる。中型船での大型の魚
の一本釣りに匹敵する。

　初期のビジネスモデルの壁、開発の壁、営業の壁、採用の壁など、自
分の理解と判断で解決方法を見出し、実現するためにまず行動すること
である。起業するために必要なスキルはある程度持っていないといけな
いが、それよりも、自分がどんな仕事をしたいのか、どうやって自分の
やりたいことを実現できるか、と自分自身のことをよく知らないといけ
ない。時には、常識外の解決方法を見出すこともある。今回の講師は、
長期スパンで見た技術の流れ（図2-4）からレーザー技術が長期トレン
ドと矛盾していないと判断し、ビジネスに選んだと話があった。

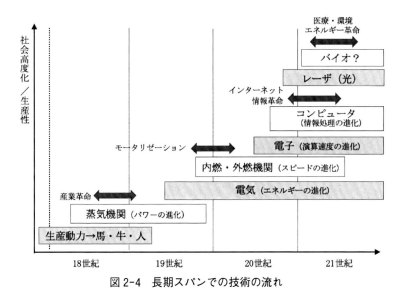

図 2-4　長期スパンでの技術の流れ

Google の元 CEO は、成功した会社の特徴を次の三つと言っている。

- 問題を全く新しい方法で解決する
- その解決方法を活かして急速に成長、拡大する
- 成功の最大の要因はプロダクツである

ちょっと一休み② 『プレゼンテーション』

今日も講義の後で、タケル君はメンターさんと話をしています。

タケル君：今日の講義で、プレゼンテーションの準備が大切やということは分かりましたが、どんなとこに気をつけて準備したらいいですか。

メンター：まずは字の大きさかな。いっぱい書いてあるプレゼン資料は読む気がせん。分量、フォントの大きさ、行間を考えてね。

タケル君：学会用に作ったプレゼンとは違うんですか？

メンター：学会では正確に情報を伝えることが優先するし、興味ある聴衆は、少々字が小さくても読んでくれる。しかし、研究所の所長や、顧客などに話すときは、まず興味を持ってもらうところから始まる。

タケル君：なるほど。次はどんなことですか。

メンター：プレゼンの目的をよーく考える。聞いてもらう人に何を期待するか。研究予算獲得？　販売PR？　協業？　目的によって何を強調するか、考える。

タケル君：結構難しいですね。どんな返事が欲しいかを考えるってことですね。

メンター：そうや。順序立って説明するより、最初に結果とか目標とかを言わんといかんこともあるね。

タケル君：紙の資料で渡すときも同じですか？

メンター：紙の資料、例えばA4の資料なら、1枚目で全容が分かるようにしないといけない。いっぱい説明したいことがあったら、2枚目以降に、参考資料として添付するのがいい。

タケル君：1枚目で、どんな返事が欲しいかを書くということですね。

メンター：分かってきたね。企業の研究所長なんかは、忙しいから、1枚目しか見ないと思った方がいいよ。お客さんも1枚目で結論出すかもしれないしね。

企業での研究テーマの始め方と継続への努力

3.1　イノベーションの芽

　イノベーションとは、物事の「新結合」「新機軸」「新しい切り口」「新しい捉え方」「新しい活用法」のことであり、新機軸といえる実例は、キーボードをなくしたことで電話を再発明した"iPhone"や、友人の友人を可視化したことで世界を小さくした"Facebook"などがある。新しい切り口といえる例としては、業界で初めての成功報酬型ビジネスモデルを市場に持ち込んだ"ジョブセンス"、ブルーライト・カットを目玉にメガネ業界に入った"JINS"、徹底的に消費者の立場に立ってつくられた"AKB48"などがある。

　外部講師の方々も、さまざまな価値を持ったイノベーションを今までに起こしてきた。この講義では、具体的な研究内容や製品、イノベーションについては触れないが、それぞれの講師の経験として、イノベーションへの取り組みや、世の中で効果的、効率的といわれている方法を紹介した。

（1）広い視野から生まれる鍵

　革新的なイノベーションを生み出すことでまず考えなければいけないことは、「無から有は生まれない」ということである。単なる思いつきからイノベーションが生まれることはなく、積み重ねられた広範囲の考察、既知の多大な知識群の整理と統合の過程で、「鍵となる異なった視点からの知識」が組み合わさったときに生まれる。もちろん広い裾野の基礎となる科学と技術の上での話である。ここで「鍵となる視点、知識」は、

全く別の分野の体系から持ち込まれることが往々にして起こる。例えば、アインシュタインの業績も、哲学者デイヴィッド・ヒュームの思想から発展して、複数の異なる観測者から世界がどのように見えるかを考え、思考実験を進めた結果といわれている。アイディアが生まれる瞬間を「閃光が走る」「神が舞い降りる」「閃いた！」などというが、実際は脳内で、個別要素のネットワークが新しいネットワークを生み出したときに新しいアイディアとなる。

　今まで多くのアイディア創出方法がいわれてきているが、最も有名なものはブレインストーミングであろう。数名から6名程度の、できれば異分野のエキスパートが集まり、時間制限の中でアイディアを出し合う。他のメンバーの意見に否定的な言動を控え、集まったアイディアをグループ分けなどしてだんだんとアイディアを絞っていくことで、有望なアイディアを見つける。デザイン思考で有名な米国IDEO社では、このブレインストーミングをアイディア抽出の大事な方法として、完成度の高いものにしている。IDEO社トム・ケリーの著書（参考文献15）の中で、そのブレインストーミングによるアイディア創出についてキーポイントとして、次の点を挙げている。

　①頻繁に実施し、長時間行わない（60分が最適）

　②抽象的な目標でなく、目標とするテーマの焦点を明確にする

　　　例）"自転車のカップホルダー"ではまだ具体化に乏しく、"自転車に乗る人がこぼしたり舌を火傷せずにコーヒーを飲めるようにする方法"とする

　③目に見える仕組み、量を競う、など遊び心のあるルールを考える

　④とにかくアイディアをたくさん出すことに集中し、ノートを取ってはいけない。1時間に100個のアイディア

　⑤議論が先細りになってきたら、ギアを変えてみる

　　　前に戻ったり、新しい方向に進んだり

⑥記憶を呼び覚ますかもしれない場所の活用

　　アイディアを書き留めたりスケッチしながら、部屋中を移動する

⑦精神の筋肉をストレッチする

　　テンポの速い言葉遊びのようなウォーミングアップも有効

⑧身体を使う

　　単なるスケッチだけでなく、流れの図解、図表や、競合する製品
　　を机上に置くこともあるし、身振りで表現するボディストーミン
　　グ（注 3-1）の活用もありえる

　また、次のような事態が起きると、ブレーンストーミングを台無しに
してしまうことを銘記すべきである。

- 上司が最初に発言する
- 全員に必ず順番が回ってくるようにして進める
- エキスパート以外の立ち入り禁止
- 社外での実施
- 馬鹿げたものを否定する
- 全てを書き留める

　意外な、少し突飛な考えの中からイノベーションが生まれた例はいく
つもある。「ナップスター」というファイル交換ソフトが初めて現れた
20世紀の終わりに、当時の最新技術「MP3 プレーヤー」との組み合わ
せを考えたトニー・ファデルがアップル社で「iPod」を生み出す。「消
しゴムで簡単に消すことのできるボールペン」があれば、というユーザ
ーのわがままを聞いたときに、30年前の研究を思い出し「メタモカラー」
技術を発展させて、パイロット社の研究者は「フリクション・ボールペ
ン」を開発した（注 3-2）。また、講師からプレゼンテーション番組であ
る TED（注 3-3）での Steven Johnson 氏のプレゼンテーション内容の
抜粋として、アイディアの生まれる瞬間の逸話の紹介があった。

GPS の誕生：米国ジョンズ・ホプキンス大学付属の研究所にいた若
手研究者 2 人が、ソ連が打ち上げたスプートニクの信号を受信する
ことを思いつき、その信号がドップラー効果を示していたことから
位置を推測することを思いついた。これが GPS 開発の端緒となる。

（注 3-1）身体の動き（体験）を通じて感じたこと（知り得たこと）をベースにアイディア
　　　　を蓄積していく方法。
（注 3-2）温度変化で色の変わるインキとして開発した「メタモカラー」の変色温度を変え
　　　　ることからフリクション・ボールペンは生まれている。（出典：パイロットライブ
　　　　ラリー　https://www.pilot.co.jp/promotion/library/009/）
（注 3-3）Technology Entertainment Design の略で、米国の非営利団体が主催する技術カン
　　　　ファレンス。ネット上で 2000 本以上のカンファレンスの動画が公開されている。

（2）アイディアを次々と生み出す技術

　アイディアを次々と出し続けるためには、全く新規のアイディアを生
み出すのではなく、自分に独創力があるという発想を捨てるところから
始めないといけない。革新的なイノベーションにも必ずと言っていいほ
ど種があり、先人や異分野の知恵をいかに組み合わせるかが大事である。
ブレインストーミングの生みの親でもある A. F. オズボーンが、強制
的にアイディアを量産する方法として「オズボーンのチェックリスト」
を作成した。このチェックリストを、創造性開発研究家のボブ・エバー
ズがさらに改良し、「SCAMPER 法」（表 3-1）を完成させ、理工学の分
野で、既存の情報を基にしたアイディア創出方法として紹介した。50 年
前からいわれてきたフレームワークであるが、最近の出版物（『サイエン
スの発想法』、参考文献 16）を基に説明すると、学生にとっては新鮮で
あった。

表3-1　SCAMPER 法

Substitute（代える）	**Put to other uses（他の使い道）**
他のものに置き換える。	他の使い道を考えてみる。
代わりの材料は？	別の用途で使用されていないか？
例）鉛筆を食べられる物で作る	例）紙の穴あけ
Combine（組み合わせる）	**Eliminate（削減）**
他の物との組み合わせを考える。	一部の要素を取り除いてみる。
例）鉛筆を定規と組み合わせる	どの要素があれば機能するか？
Adapt（適応させる）	例）表面の色や字を削る
似ているものは何かを考える。	**Reverse・Rearrange**
例）ポインターと似ている	（逆転・再編制）
Modify（修正する）	逆にしてみる。
大きさ、形、色を変えてみる。	入れ替えてみる。
例）折れ曲がった鉛筆	例）芯が表面に出ている鉛筆

　他の組み合わせはないのか、関連する特許を読むことも有効である。アイディアを100件生み出す心意気でいろいろな技術の組み合わせを考えてみよう。工学的な技術であっても、生物からヒントを得られないか考える。例えば、閉鎖水系の浄化システム（注3-4）など生物の機能を模倣する「バイオミメティクス」という分野も最近注目されている。

（注3-4）山から流れる水が綺麗になるメカニズムを利用した閉鎖水系の水質浄化が株式会社ウイルステージで行われている。（http://www.willstage.com/）

（3）仕込みと熟成

　アイディアを実際のテーマに展開する、あるいは問題になっている課題の壁を乗り越える、このようなときには往々にして「ひらめき」が必要になる。その「ひらめき」が起きるためには、準備と十分な考察など

の条件がある。

①データベースとしての情報の蓄積

　日頃からいろいろなことに関心を持って情報を蓄積する。それも単に見聞きするのではなく、内容を認識して記憶に刷り込んでおく。他の人の仕事に関心を持ち、より深く理解し、定量的に分析しておく習慣が大事である。

②データを活用するソフトウェア

　データベースが揃っていても、活用するためにはソフトウェアとしての学問がないと使いこなせない。研究者として基礎学問をはじめとした広範な学問を身につけていることが必須となる。

③課題に関する情報のインプット（仕込み）

　目の前にある、答えを得ようとしている課題に関する情報を収集し、分析することから課題解決は始まる。そのためには、関連する特許を100件ほど読む心構えが必要である。その際に、他の人との対話や議論が、課題の整理分析にとても役に立つ。

④徹底した考察

　考え尽くすこと、頭の芯が痛くなるまで考え抜くことである。その際には、本命、対抗、穴の三種類の発想を持つ。数学者の岡潔は「問題を解くためにはタテヨコ十文字で考える。考えるタネがなくなるまで考える」と言っている。周囲の専門家に、自分の理解できない部分を素直に聞くことも大事である（7回聞けば本質に迫る、との言葉もある）。突き詰めて考え尽くしている人は、ちょっとした出来事や、他の人との関係ない会話の中で重要なヒントを思いつくことが可能になる。

⑤考察を中断して休むこと（熟成）

　考え抜いた後は、一度中断して休むことが「ひらめき」につながることがある。一晩寝ている間に、脳の中で無意識に自己組織化が起

き、「ひらめき」が生じる。別のことをしているときにアイディアが浮かぶこともあり、特に左脳を休ませるために、右脳を使うことが効果的といわれる。英国首相だったチャーチルは絵を描く腕前が高かったらしいし、アインシュタインはバイオリンの名手であったといわれる。

　また、課題の壁を乗り越えるためには、対症療法的な手法を考えるのではなく、問題の原因、本質を追求することが大事である（急がば回れ）。問題となっている系の評価方法が分かれば解決は近いと思ってよい。

（4）企業の中の研究開発
　企業の中での研究開発は主に下記のように分類される。
①事業部（製造部隊）との連携での短期的な研究開発
　企業の研究開発本部には、事業部との連携で顧客のニーズを開拓して開発を行うチーム、事業部のコスト削減のためのプロセス開発を行うチームなどがある。
②自社のコア技術、得意とする要素技術を活用した研究
　外部との連携によるオープンイノベーションも大事であるが、やはり社内の技術が活用できたり、外部との連携に当たっても十分評価可能な技術が自社内にあることが望ましいとして、コア技術活用の研究が進められる。
③自社の設備インフラを活用した事業化を見通した研究開発
　関係会社を含めたグループ内での既存設備、あるいは類似の設備の活用を見通すことができれば、事業化への道筋が見えやすいし、社内でのコスト削減への波及効果までも考えられる。
④10年先を見通した研究開発
　基礎研究、特にイノベーションの芽を基にした研究はこの範疇に入

る。
⑤分析・評価などの事業全体に必要な基盤技術の研究開発
　　自社の製品固有の分析や評価技術は自社で開発して自前技術として
　　持つことが多い。

　企業の中での研究開発は、その出発点であるテーマ設定が極めて重要
である。テーマ設定の出発点で、すでに最終的にビジネスになるかどう
かが決まっている場合もある。「スジの悪いR＆Dテーマ」とは、技術
そのものが悪いとは限らず、テーマとしてのスジの悪さが問題となる。
「スジの悪いR＆Dテーマ」には、いかに資金や研究人員を注ぎ込んで
も、「スジの悪いビジネス」にしかならない。だから、スジの悪いテーマ
に手を出さない、スジの悪いテーマにいち早く見切りをつけなければな
らない。スジの悪いテーマかどうかを見極める方法として、アイディア
を思いついたらまず叩いてみることで判定がつくことがある。
　（a）他社（競合）が手をつけていないなら、なぜやっていないかを考える。
　（b）何か隠れた課題があったり、技術的に非常に難しいことを解決し
　　　なければならない、あるいは別の解決法があるのではと考える。
　（c）ビジネスになったと仮定したときの、ユーザー数や規模をラフに
　　　試算することで、市場の可能性を探る。
　（d）周囲の人に話してみて、課題や盲点がないか、別の解決法がない
　　　か、などを尋ねる。組織の枠を超えて、他の技術分野の専門家と
　　　の連携を探ることで、悩んでいることへのヒントが得られるかも
　　　しれない。
　さらに、実際の研究を開始しなくとも、過去のいろいろな事例やデー
タを基に推測する。
　（e）どのようにすれば儲かるビジネスになりうるか。スピード感やコ
　　　スト感を意識する。

（f）技術的課題をクリアできる方法はありうるか。

（g）競争相手が現れたときの対処方法、どこに差別化技術を入れられ
　　るか。

（h）考えうる失敗要因やリスクを避ける方策を考える。

これらのことをきちんと考えることで、スジの悪いテーマを少しでも避
けることができるし、社内でのプロジェクト起案や予算獲得が認可され
るための道ともなる。

　また、別の講師からは、企業の研究では、マーケットインが有力との
話があった。

①企業の技術者は、事業化を目指した技術開発テーマの立案が目標で
　ある。

● プロダクトアウトの視点ではなく、マーケットインの視点で、ゴ
　ールイメージを含めた事業戦略を予め事業部門と共有する。

● エンドユーザーの視点が大事で、顧客と真摯に向き合った経験力
　がものをいう。さらにサプライチェーンも考える。

● 鳥の目、虫の目、魚の目で現地現物現実を見ることのできる柔軟
　かつユニークな発想力が求められる。

②ものづくりだけでなくことづくりの視点で考える。

● 顧客の痒いところに届くテーマをつくる（価値提案）。

● 素材を見せるだけでなく、カタチにして提案する。最終のエンド
　ユーザーを思い描く。

　マーケットインの考え方ではなく、研究者・技術者はどうしても技術
の切り口から「シーズ起点」で市場を探すことがあるが、そのような場
合の難しさ、問題点を表 3-2 にまとめる。

表3-2　技術の切り口から市場を探すときの注意点

①自社で「できること」「できそうなこと」「開発したいもの」を起点として、新しいビジネスを模索すると、自分たちにできることの範囲で、都合の良い市場を自ら想定してしまうことがある。

②そんな市場が本当に存在するかどうかはどうでもよく、自分たちのできることが売れるという理想の市場が前提となりやすい。そして、こちらの思惑通りに顧客が行動してくれる"はず"という前提の元で、事業プランを組み立ててしまう（代替品などの考慮も不十分になりやすい）。

③このような事業プランは実際の市場の実態・ニーズとは著しく乖離しており、経営の承認を得られたとしても実行でつまずくことになる。

　研究のスジの良い悪いを見極める可能性のある手段、留意すべき点などを述べてきたが、十分な研究能力を有していたとしても、その時代の市場ニーズに合うアイディアを考えついたか、その上で企業の中の事業部隊を含めて事業化するための実行環境や体制が揃っていたか、などどうしても、運とか機会とかに左右されることもある。産業イノベーションと呼ばれるような、巨大マーケットを形成した製品では、いくつもの企業による技術革新の積み重ねが起きている。たとえ最初に製品を市場に出したとしても、性能、コストなどの技術課題をブレークスルーした企業に市場のシェアを奪われることも起きる。

　企業の中には、多くの事業分野があり、多様な研究開発をしている人たちがいる。自分の失敗談を周りに伝えていくことで、全く違う観点からのイノベーションにつながることもある。3Mのポストイットもその例で、実験室に転がっていた失敗作である「剥がせる接着剤」を活かして、開発された。また、企業の中での研究は目標とする時間、期間で結果を出すことが求められるので、効率の良い実験方法やシミュレーショ

ンの方法を考え、活用することも大事である。

（5）企画書の作成

テーマが定まってくると、今まで述べたポイントを踏まえた上で、研究企画書を作成する。企画書の中には、次のような項目を記載する（巻末付録1）。

①目的・背景：この中には、事業部テーマか新規テーマ（基礎テーマ）かの区分、会社のコア技術との関連性などが分かるようにする。

②競合の動向：予想される競合からの類似製品の出現の可能性など。学会発表の状況なども参考に記載する。

③商品の特徴：目標とする製品のオリジナリティ（独自性）、特許戦略、狙いとする市場規模、売り上げや便益の目標、マーケティングの根拠などが分かるようにする。

④予算：研究開発に必要な予算、人的資源（労務費、必要な人材）などを年度単位で記載し、研究開発に必要な設備投資があれば記載する。

⑤アクションプラン：直近3年間の研究計画と具体的目標、特に当該年度の達成目標を明らかにすることで、実現性が分かるようになり、達成できなかったときの撤退基準も明らかになる。

⑥外部との関係：研究体制として外部との連携の有無、外部との共同研究や契約の必要性の有無が分かるようにする。

この中でも特に重要な項目は、オリジナリティとアクションプランであろう。基礎研究の段階で、商品の特徴や市場規模などのマーケティング調査をすることはかなり難しいが、企画書を提案する研究者はこの壁を超えていかないといけない。

市場セグメントを考えたり、目標とする製品の競合との対比、さらに

は将来の市場規模を考えるに際しては、従来から使われているいくつか
のフレームワークを活用できる（参考文献6）。

- 5 Force：自社の環境を把握し、競争の構造を考える（図3-1）。
- PPM（プロダクト・ポートフォリオ・マネジメント）：市場の成
  長率と市場シェアの予測からビジネスを位置付ける（図3-2）。
- SWOT 分析：内部環境と外部環境を分析して、目標とするビジネ
  スの位置付けを考える（図3-3）。
- STP：ターゲットとすべき市場の位置付け、競合との差別化を考
  える（図3-4）。

などがある。

図3-1　自社を取り巻く競争（5 Force）

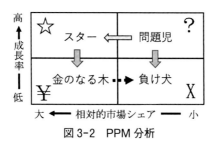

図3-2　PPM 分析

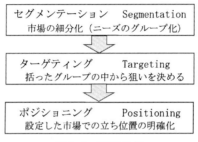

	プラス面	マイナス面
内部環境	強み (Strength)	弱み (Weakness)
外部環境	機会 (Opportunity)	脅威 (Threat)

図3-3　SWOT 分析

```
セグメンテーション　Segmentation
市場の細分化（ニーズのグループ化）
        ↓
ターゲティング　　　Targeting
括ったグループの中から狙いを決める
        ↓
ポジショニング　　　Positioning
設定した市場での立ち位置の明確化
```

図3-4　STP 分析

　研究企画書が企業の中で採用されるかどうかの判断ポイントは、企業それぞれの事業分野などの特徴、企業の歴史、技術コアとの距離が近いか遠いかなどによって違ってくる。コア技術に近い企画書であれば、競合との比較、アクションプランの妥当性や予想される便益などが優先されるであろう。コア技術から少し距離のある新規テーマであれば、オリジナリティはもちろんのこと、1年間でどこまで研究開発を進める予定か、外部の力も使って実現性を高める計画になっているか、などが重要視されることになろう。

［顧客価値提案の演習］

　講義時間内での演習として実施した。受講している学生をグループに分け、グループ内の学生の研究テーマの中で一つを選択して、顧客に提

供できる製品・サービスを考える。そのときに、顧客は誰で、顧客のど
ういうことのために、何をしたいかを考える、VPC（Value Proposition
Canvas）（図3-5）を使った演習を行った。講師の企業では、ソフトウ
ェアとハードウェアを合わせたシステムとして顧客に提案する価値を明
確化するために使われている。受講生は、SiMSプログラムのTEC-1
（注3-5）の演習でターゲットとした商品を例題として取り組んだ。

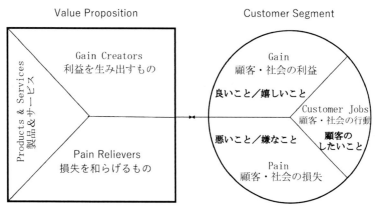

図3-5　VPC分析

　イノベーションの芽を生み出すためにするべきこととして何人もの講
師から話があったことの共通点は、「自分で考え抜く力」であった。その
ための訓練方法として、参考文献17、18を記載する。

（注3-5）受講生が各自の専攻分野に関係ある新商品や新しいサービスを考え、その市場性、
　　　　コスト、開発計画、販売計画などを、メンターの指導を受けながら考え、事業計
　　　　画を立てる演習。

3.2　研究テーマの選別と継続

(1) 研究テーマの選別

　企業での研究テーマは、本格的に研究テーマとなる前の探索や調査の段階から何段階ものチェックポイントにより、選別される。研究の探索の段階から、企業活動の前提となるのがSQCDであり、

　　　　Safety … 安全　　　　Quality … 品質
　　　　Cost … コスト　　　　Delivery … 納期

必然的にこれらの点を意識した評価が行われる。研究活動であっても、それは企業活動を維持（社会貢献、認知、投資回収）成長させることが前提であり、これによって従業員の雇用と生活を守り、そして研究者の夢、野望を叶えるという目的がないといけない。

　ほとんどの企業ではステージゲート法（図3-6）と呼ばれる、何段階ものチェックポイントで、研究さらには事業化への継続の可否Go/Not Goを決めている。最初の探索/基礎研究の段階は、意図的に探索分野が決められる場合もあれば、研究者からの提案で探索が始まることもある。業種によって異なるが、探索/基礎研究を研究所のリソースの15％とか20％などの予算を当てていることもある。探索/基礎研究の期間は予め設定される。

　基礎研究からステージを上げる

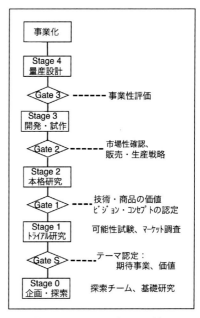

図3-6　ステージゲート法

ためのゲートSでは、オリジナリティなどの研究価値とともにどのような事業を想定できるかが問われる。次のトライアル研究になると、技術課題の見極めとともにマーケット調査が行われることも多く、研究に関わる人数が増えることもある。トライアル研究から本格研究に移るときは、必要なリソースが大きくなるため、このゲート1でのチェックは厳しくなる。

　本格研究では開発しようとする技術や商品のどこに価値があるのかを明確化し、どのような事業を目指すかそのビジョンを明示できなければならない。技術課題の解決の見通しがつき、生産方法などの検討も終われば、いよいよ試作の段階に入る。この段階で量産した場合の価格予測もはっきりし、マーケットの変化がないかも確かめて、量産プロセスの設計に入ることになる。

　新規性の高い研究テーマが、ステージゲート法でのチェックを通過し最終的に事業化に結びつくまでには、オリジナリティの高い技術であっても、市場のニーズにうまく合わなかったり、市場に全く出回っていない製品であるがために受け入れられないと判断されることもある。こうした研究開発から事業化までの関門を「死の谷」とか「ダーウィンの海」と呼ばれる（図3-7）。

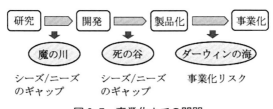

図3-7　事業化までの関門

　これらの関門を突破するには、研究者自身が、ユーザーが誰なのか、市場のことをよく知っていなければならない。「誰に」「何を」「どのよう

に」提供するかをしっかり決める。研究を開始するときからこのことを
念頭に置いているのが「スジの良いテーマ」であることの一つの条件で
あろう。研究者自身が企画担当者であるという心構えで事業化までの課
題を洗い出す心構えが大切である。

　化学業界では、研究開発で何を作るかが決まっても、その後どのよう
に作るかのプロセス技術/製造技術の開発が必要となることが多く、製造
決定に至るまでにさらに段階を経る（表3-3）。

表3-3　化学業界での製造技術開発

何を作るかの決定 ↓		
Step1	反応ルートの選定	
Step2	プロセス検討	測度論、気相・液相
（ここまで、ラボR&D）		
Step3	最適ルートの決定	シミュレーション、コスト試算
		需要、原料調達性など
Step4	プロセスの最適化	パイロット運転
Step5	プラント詳細設計	法規対応、建設
Step6	試運転	検証、問題対処
Step7	製造への移管	製造部隊教育

　研究開発テーマの選別と継続の決定は、なにもチェックポイントに限
ったことではなく、チームリーダー（管理者）は、見込みがないと判断
したテーマは自ら中断あるいは中止することを求められる。そのために
はチーム員の進捗報告（週報/月報）を定例的にチーム内で共有する。ま
た、一定期間ごとのマイルストーンを定めることが求められる。

（2）外部との共同研究

　企画・探索やトライアル研究の段階から本格的な研究段階に進めるた

めに、外部との共同研究を頼りにすることは多い。企業は外部との共同
研究に下記のようなことを期待する。

①当面の技術課題の解決

　トライアル研究の段階で、予想される技術課題を可能な限り事前検
　討することが前提である。その上で、競争相手ではない企業との連
　携で、当面の技術課題の解決にめどが立ち、製品や事業化のイメー
　ジが早期に描けることを期待する。

②研究に必要だが社内に不足している先端技術の獲得

　大学などとの共同研究によって、最先端の技術を獲得することがで
　き、本格研究に早期に移行することができる。

③トライアル研究を行っている若手研究者の教育

　外部との共同研究により、視野が広がったり、先端技術の動向が見
　える研究者に育つことを期待する。

④研究者ネットワークの構築

　現在の研究への協力体制には必須でなくとも、将来のイノベーショ
　ンの芽を生み出すために、異分野も含めてネットワークとして広げ
　る。

　ただし、共同研究先の選定、申請に当たっては留意すべき点も多い（注
3-6）。

（a）知的財産の問題

　共同研究で成果が出たときの知的財産権の帰属について、共同研
　究を始める前に契約内容を吟味する。

（b）競合との関係

　最先端のコア技術を保有している大学や研究機関は、往々にして
　他社や国主導の共同研究に参画していることがある。その場合に
　は競合への情報漏れを危惧しなければならないし、共同研究の候

補先が示している技術内容が他社に帰属している危険性もある。

（c）大学との共同研究での学生への配慮

大学との共同研究では、実際に研究活動をするのが学生（大学院生）である場合が多い。その学生が将来、競合他社に就職することもありえる。

こちらが共同研究先として考えても、相手が受け入れてくれるかは別である。共同研究先のメリットも考慮して、到達目標やスケジュールなどを確認しないといけない。大学や研究機関では学会発表や論文提出が成果となるので、共同研究の成果の発表タイミングや扱いを、お互いのメリットになるように、熱意を持って提案しないといけない。もちろん、社内に対しても、共同研究の必要性（メリット）、共同研究先の選定理由、自社での対応体制などについて説明して申請する。

（注 3-6）大阪府立大学が規定している、秘密保持契約書、共同研究契約書などは公開されている。　www.osakafu-u.ac.jp/research/collaboration/regulations/

（3）社会価値の創造

ハードウェアとソフトウェアを備えたソリューションビジネスを展開する会社では、研究開発の継続を決定するためには、社会価値の創造に結びついていることが明確にならないといけない。そのために、研究開発の成果としてのコア技術を、社内外の技術と組み合わせて顧客との価値創造へ、さらに社会課題を解決することづくりへと結びつけていくことが行われる（図 3-8）。

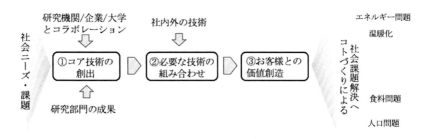

図 3-8　ソリューションビジネスでの社会価値の創造

　このプロセスの中で、必要な技術の組み合わせのステップ②は、広範
な知識、経験と顧客とのコミュニケーション力を用いた厳しい仕事にな
る。特にこれからは、顧客も気がついていない潜在的な需要や価値を探
っていかないといけない。そのためには、広範な社会課題についての理
解と、次世代に向けた動向に日頃から注意を払っていくことが、研究者
に求められる。

（4）研究テーマの中止・変更への対応

　組織の変更により、それまでの研究テーマが中断になった経験が何人
かの講師の話に出た。せっかく途中まで進めた研究テーマは、他の研究
者に引き継いでもらえばよいが、誰も引き継ぎがない場合は、ひょっと
して将来日の目を見る可能性を考えると、自分で残しておくことになる。
今までの研究テーマを中断し、新しいテーマを考えないといけなくなっ
たときには、会社の利益、自身の要素技術、そしてモチベーションのバ
ランスをよく考える。自分がモチベーションを高く取り組める仕事・研
究を探すことが第一であるが、どのようにして会社の役に立つかのスト
ーリーを描く。講師の一人からは、自分の専門分野が少しでも活かせる
研究テーマを探すことができたことで、モチベーションは下がらなかっ

た、との話を聞いた。自分の研究分野に直接関係がないように見えても、学生時代に専門分野を極めるべく努力した経験（粘り強い忍耐力）は、違った分野の研究に必ず活かすことができるし、財産である。

3.3　知財戦略の重要性

　研究開発を事業に結びつけるときに、いかに特許が重要かについては、SiMSプログラムの他の講義でも取り上げられている。本科目の複数の講師からも、知財戦略を間違えると、イノベーションを起こせるような技術でも、事業化を断念せざるを得ない事態になりうることが強調された。事業化のためには、設備やプロセスの設計・検討さらには製品の安全性の確認作業などが必要であり、そのための時間・労力・費用は研究費用よりもはるかに大きくなる場合が多い。知財の問題のために、研究成果が出た後の事業化検討の膨大な労力と時間が無駄になってしまうこともありうる。知財問題のトラブルの例としては、第二次世界大戦後、米国のナイロンの特許のために日本の企業が多大な特許料を払うことになった話や、米国のコダック社がポラロイド社との特許訴訟に1976年に敗訴してインスタントカメラの事業から撤退した話などが紹介された。

　大学の研究は基礎研究だから、特許紛争には関係ないと思ったら間違いで、医薬開発候補化合物の効果をモデルマウスで実験していた浜松医科大学が、米国のベンチャー会社に、モデル動物に関する特許の侵害として訴えられた事例がある。幸い訴えは却下されたが、民間企業とのビジネス・事業化に関わったり、大学発ベンチャー企業として事業化すれば、大学も訴訟に巻き込まれる可能性はある。

　企業が特許出願する目的は「実施権の確保」と「独占権の確保」である。したがって、企業の中での研究を本格研究へと継続するには、「特許出願済み」か「特許出願不要と判断した」ことが必須条件である。また、特許によって自社製品/技術を保護するだけでなく、他者（第三者）によ

る特許問題がないことを確認しないといけない。特許出願が公開される
と、他社にヒントを与えてしまったり、開発状況が分かってしまうリス
クもある。公開された自社の特許が公知技術となることで、その後に提
出した特許が新規性や進歩性で認められなくなることもありうる。

　自動車や家電製品などは、一つの製品やシステムを知財戦略として防
御するために数百から数千の特許が出される場合があるが、医薬品の場
合は製品の基本特許（通常は化合物特許）は一つであり、その一つの特
許がビジネスを左右する。特許は出願されてから20年間と最大5年間の
延長期間しか権利としては保持できない（図3-9）。

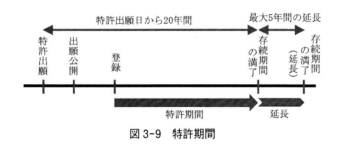

図3-9　特許期間

　特異な例ではあるが、医薬品開発（創薬）の事業では、探索研究から
薬として市場に出るまで、9年から17年の年月を要する（図3-10）。し
たがって、基礎研究が終わった段階で特許を出すと、実際に薬として市
場に出てから特許の権利が保持できる期間はそんなに長くない。

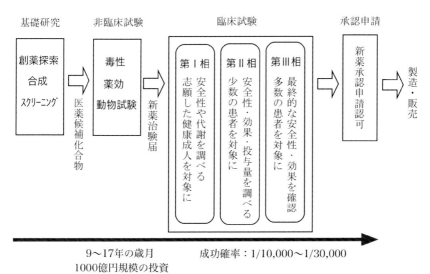

図 3-10　製薬事業の研究・開発期間（出典：参考文献 2）

　医薬品では特許が切れると、たちまちにして後発品が出てくる。そこ
で、LCM 戦略（Life Cycle Management）と呼ぶ、一つの有効成分を
多角的に特許化する対抗策がとられるようになってきた（図 3-11）。

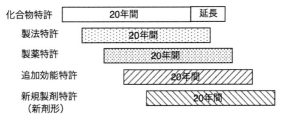

図 3-11　医薬品特許の LCM 戦略
（浅野滋啓氏作成）

ちょっと一休み③ 『顧客ヒアリング』

今日もタケル君は、メンターさんと話をしています。

タケル君：この前の研究者 OB の話で、顧客から次の研究開発の
　　　　　ネタを探り出す、というのがありましたね。

メンター：そう。特に BtoB ビジネスでは、客の不満を聞き出す
　　　　　ことができたら、次の開発目標につながることが十分ありうる。

タケル君：顧客への聞き取りを研究者が行かないといけないんですか。

メンター：営業だけが行くと、ちゃんと聞き出すことができないし、客がちょろ
　　　　　っと漏らした大事な内容も聴き逃してしまうかもしれない。だから、
　　　　　たまには研究者が自分で行ったり、営業にくっついて行くことが大事。

タケル君：営業に頼めば、すぐに連れて行ってもらえるもんですか。

メンター：営業は自分の仕事につながらないと、本気になって動いてくれないか
　　　　　も。

タケル君：じゃー、どうすればいいですかねえ。

メンター：日頃から営業ともパイプを持つことかな。会社に同期で入った中に営
　　　　　業に行った仲間がいたら、大事にせんといかん。
　　　　　また、製品の性能や技術的な問題でクレームが発生したときに、営業
　　　　　と一緒にお客のところに行って、頭下げて、説明したりしたら、次か
　　　　　らは営業に言うこと聞いてもらえると思うよ。

タケル君：クレームへの対応も研究者の仕事なんですか？

メンター：大事な仕事やで。もっともある程度年季が入った研究者にならんと、
　　　　　頭下げに行っても、追い返されるかもしれんから、まあ若いうちはそ
　　　　　んな仕事はこないと思うけど。

　　　　　タケル君：いきなりクレーム対応じゃ、大変やから、ホッとしま
　　　　　　　　　　した。同期の仲間も大事にします。ありがとうござい
　　　　　　　　　　ました。

第4章 成功するための努力

4.1 事業化への道

　企業の中での開発プロジェクトが成功する確率は 25％くらいといわれ
ている。その中でも基礎研究から事業化に結びつくものは 10％くらいで
あろう（図3-10 に示したように、製薬事業では成功確率は 1/10000 か
ら 1/30000 である）。したがって、第3章3.2節に記述した、研究テーマ
の選別方法により、企画・探索の段階やトライアル研究の段階で中止あ
るいは中断となるテーマも多い。企業としては、少しでも事業化に結び
ついて次世代の屋台骨となる事業を見つけたい。そのためには研究段階
では多産多死でとにかく多くのテーマに挑戦してみるという考え方もあ
る。研究アイディアの自前主義に固執せず、大学あるいはベンチャー企
業などの外部の情報を集めることも行われる。一方、研究者の立場とし
ては、自分の研究が事業化に結びつくためにいろいろな努力が必要とな
る。

（1）スジの良い研究テーマ

　　　第3章3.1節の（4）で記載したように、テーマ設定の出発点から
　　スジの良いテーマを見つけることが重要であるが、研究開発がス
　　タートしてからも、早い段階から事業化のイメージを考え続けて
　　いることがよい。

　［事業化のイメージづくりの方法］　だから何 So What を5回続ける
　　研究開発結果の意味を繰り返し問うことで、事業インパクトを具
　　体的にイメージでき、開発目標や優先順位が適正化され、開発全
　　体の速度と成果の極大化につながる。

（例）耐候性耐熱樹脂 A の架橋反応が可能になった

　　⇒耐熱が 250℃ までの向上が期待できる

　　⇒流動性があり熱硬化となれば封止材料として使用可能

　　⇒ SiC パワーデバイスで必要な耐熱封止材料となる

　　⇒市場予測と開発完了時期から 2020 年にはかなりの売り上げが期待できる

　　⇒樹脂モノマーの生産規模拡大により、他の樹脂でのコストダウンも可能

（2）チームプレイ

　研究開発はチームで行われることが多くなっており、チームプレイが結果を左右することは言うまでもない。「For The Team」の精神で主体的に行動することや、リーダーとなったときには、チームメンバーのモチベーションを高める努力を欠かすことはできない。また、一旦チームとして方針が決まれば、少し違う意見を持っていたとしても、チームの方針に従う。日頃から定例的にチーム内での情報の共有は必須である。

（3）粘り強さ

　なかなか事業化に結びつかない状況でも、研究開発者の熱意で粘り強く継続できることもある。たとえ小規模でも市場に出すことで、企業の内外での評価を得ることは、事業化を成功に結びつける推進力となりうる。

　［トラブルへの対応］　なぜ Why を 5 回

　研究段階で問題がなくとも、事業化に至る生産技術や品質保証など、いろいろな局面でトラブルに遭遇する。すぐに思いつく答えに満足せず、フィッシュボーン図と呼ばれる特性要因図（図 4-1）なども使い、真の原因を探ることが解決につながる。

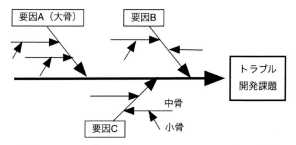

図4-1　トラブル解決のためのフィッシュボーン図

（4）外部との連携

　　事業化に至るまでのさまざまな段階で、外部との連携が鍵を握ることも多い。この内容については次節で取り上げる。

（5）ものづくりに終わらせず、「ことづくり」を考える

　　単なる「ものづくり」ではなく、顧客に提供できる価値を考え、文化をつくり、定着させることで「ことづくり」を可能とし、事業を定着することができる。そのためには、社会の要請、課題解決とうまくマッチすることを考え、さまざまな人との関わりによって協力を得ることが望ましい。多くの人を巻き込むことである。

4.2　社外とのコンタクト

（1）ニーズの的確な把握と事業化

　研究者や技術者が学会や展示会に出向いて、世の中のトレンドや最先端技術の動向に触れることは、イノベーションの種を見出したり方向性を見極めたりする上でとても有効である。社外とのコンタクトの中で、特に顧客への訪問は大事で、顧客のニーズ（次の研究開発への手がかり）、すでに研究開発中の案件の用途への手かがり、さらには協業協創へ発展する機会づくりともなるものである。顧客訪問で成果を上げるためには

　①訪問先の企業の内容（事業や技術動向）だけでなく、担当者の出願

特許や学会発表歴などの事前調査

②打ち合わせの状況いかんで内容が発展する可能性を考えた資料作成

③顧客から聞きたい内容（用途、困り事、開発ステージ、採用時期など）の事前整理

④説明する内容、PR ポイントの定量的な準備

などの周到な準備をしなければならない。何回もコンタクトすることはできないと考え、少ない機会を最大限活かすために努力する。

この科目の外部講師の半分以上が BtoB ビジネスの企業であったことから、顧客企業での採用や新規商品などの実用化検討への道筋として、最終顧客を相手とする BtoC ビジネスとはまた違った努力をしなければいけないとの話があった（参考文献9）。

（a）採用するかどうかの可否検討は、顧客企業担当者の個人レベルでの興味関心からスタートする。

（b）ただし「面白い」と言われているうちは何も起こらない。

（c）BtoB ビジネスの顧客に、エンドユーザーへの価値の提供を説明することが大事で、相手の立場を考えた上で、自分から発信できれば顧客に喜ばれる。

（d）組織に縛られず、しかし組織に影響力のあるキーパーソンを味方につける。

また、BtoB ビジネスでは、顧客への技術サービスや、顧客からの不満やトラブルに対応して、技術者が営業のメンバーと一緒に顧客を訪問することも可能性として多い。このようなときこそ、顧客に信頼を得てコミュニケーションができる相手を見出す上で、とても良い機会と考えないといけない。特別な例として、インフォーマルな会合や打ち合わせに出る機会を得た場合には、情報量が多いだけでなく、未発表の内容を知る機会でもあり、しかも双方向性でリアクションが得やすく、短時間で

成果が上がる絶好の機会である。

（2）社外との協業

　研究成果を事業化に結びつける過程では、社内にいろいろな抵抗（反対勢力）が出現する。その主なものは、

　①他社で実例のないような技術を使った事業への不安、不信感

　②今までに経験のない事業分野での成功への不信、危惧

　③開発・事業化に向けた経緯をあまり知らされていなかった他分野事業部隊からの反対

などが考えられる。また、前節で述べた社外とのコンタクトで

　● 十分な科学的根拠やデータが不足していると考えての否定的意見

　● BtoB ビジネスで、応用方法がよく分かっていない顧客の無関心な反応

などが生じると、社内での事業化に支障が生じかねない。

　このような場合に、外部の協力者を見つけて共同研究を行うことは、シーズ発掘の際の共同研究とはまた別の意味で有効である。

　（a）研究成果の正当な評価

　　　大学などのキーパーソンとの共同研究によって、研究の成果や応用先としての事業の正当性を社内外に説得できる材料となる。

　（b）技術の補完

　　　事業化のためには、量産技術、化学品であれば収率の向上、安全性の評価など、自社だけで行うことが難しい技術を補完できる。

　（c）事業化の速度を早める

　　　競合相手よりも先に市場に出すには、外部との共同作業が有効な場合がある。ユーザーとの共同研究では的確なニーズを把握できるし、自社にない販売チャンネルを有する企業との連携も有効である。

自分たちのチームあるいは自社の力だけで「できない」と諦めるよりも、「どうしたらできるだろうか」と考えて、社外の応援団を見出すことである。

講義内の演習の1例：

[具体的な装置を想定してマーケティングを考える演習]

（光で血管・リンパ管を映す、蛍光イメージングカメラを例題として、ニーズのつかまえ方、装置仕様に必要な情報の入手方法などを考える演習）

一番に思いつくのは、ユーザー（手術をする外科医）に聞くことであるが、漫然と聞きに行っても情報は得られない。例えば「面白いですね」という反応は最悪であり、具体的な情報は得られないと思った方がよいだろう。オピニオンリーダーとなり得る医師とのコンタクトが有効であるが、どうやってオピニオンリーダーを見つけるか。可能な方法として学会での発言を実地でもれなく聴くことで分かってこよう。質問することで、情報を保有しているかどうかが分かるかもしれない。生命科学や医療に関する文献検索システム（PubMed）の活用や、臨床試験情報の検索システムの活用も考えられる。さらに、この装置と一緒に使うことになる蛍光材料を製造する試薬品メーカーにヒアリングすることも有効と考えられる。このように、具体的な装置を念頭にどうしたら情報を得られるのか、を演習形式で学ぶことができた。

4.3　ベンチャー企業成功への道

創業してからの成長には、創業の時とはまた違ったことが必要となる。市場がすでに顕在化している場合は、急いで資金を集めチームを大きくし、ジャンプして業容拡大を狙う場合もあるし、まだ市場拡大に時間があると思えば、確実にホップ、ステップ、ジャンプと展開すればよい（図4-2）。

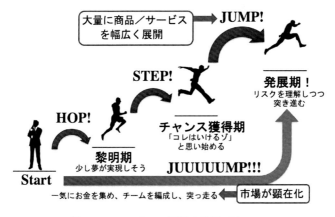

図4-2　ベンチャー事業の発展パターン

（1）事業テーマを再分析して、環境・状況の変化に応じて、手段を変え
　　てでも、目標に邁進する。
　　　状況変化の見極め
　　　●ユーザー目線で本当にニーズがあるか、再度の見極め
　　　　「欲しい」というユーザーの言葉と「買う」という決定とは全然
　　　　違う。
　　　●ニッチマーケットになっているかの確認
　　　　大手企業との競争は避ける。
　　　●自社が価格決定権を持っているか否かの判断
　　　　類似ビジネスが出てくると値下げ圧力がかかる。
　　　●長期トレンド（省エネ化、小型化、高齢化社会、など）との整
　　　　合性検討
　　　●競合との間の参入障壁の高さを予測
　　　　オリジナリティの継続可能期間を見極める。
　（2）成長のための資金
　　　　初期は銀行からの融資などに頼らざるを得ないかもしれないが、

ベンチャー企業として成功するためには、ベンチャー・キャピタルや事業会社からの出資のようなエクイティファイナンス(注4-1)を主力に資金調達することが大事である。開発した技術が本当に良いものと確信できたときには、エクイティファイナンスでの資金調達ができた、と講師の経験談を聞いた。また、政府が出す研究開発資金で返済不要の場合もあるから、ユーザーとの協同での応募も考えられる。

（3）バランス経営

事業が拡大するにつれ、技術、営業、財務の三つの分野でのバランスのとれた経営が求められる。創業者だけでこれらの分野をカバーすることは不可能であり、適切な人材の確保がとても大事である。創業者が思ってもいなかったところに応用分野が開けることもあり、外部とのコンタクト、ユーザーとの接触は欠かせない。

目標を持って起業しても、自分の力で制御できないほど悪い状況になることもある。「自分で選んだ道だから、自分にできないハズがない」と思って乗り越えてきたとの講師の話が印象的であった。

（注4-1）エクイティファイナンス（Equity Finance）とは、新株発行のように、エクイティ（株主資本）の増加をもたらす資金調達のことで、原則として返済期限を定めない資金調達であり、財務体質を強固にする効果がある。

ちょっと一休み④ 　『**研究企画書**』

今日は、ナナスケ君がメンターさんと話をしています。

ナナスケ君：メンターさんは、昔現役の時に、研究所の所長をしていたと聞きましたが本当ですか？

メンター：数年だけどね。

ナナスケ君：それじゃ、ぜひ聞きたいんですが、部下の研究者がこの研究をやりたい、と研究企画書を出してきたときに、どんなことで Go か Not Go かを決めていたんですか？

メンター：一番は熱意とオリジナリティかな。次は、研究の目標が明確になっているか、だね。

ナナスケ君：それだと、皆 Go になりませんか？

メンター：それだけじゃないよ。研究開発のスケジュールがきちんと書かれていて、今年度の目標まで書いてあるか。これは、この研究の実現性がどの程度あるかを見る目安になるからね。

ナナスケ君：予算も関係しませんか。高価な設備を買う計画になっていたら、通りにくいんじゃありませんか。

メンター：本当に熱意があれば、高価な設備が必要なら、大学や公立の研究機関に借りに行くとか、最初から購入せずに始めることも考えると思うけど。

ナナスケ君：会社のコア技術と違うことをしたいと言うと、ダメですかね。

メンター：将来の展望を話できるとか、外部の先端技術を有する大学などとの共同研究で始めるとか、まず1年で見極めるとか言えば、可能性はあるかも。

ナナスケ君：熱意があれば、結構自由度あるんですね。

メンター：実はね。全く新しいテーマを始めるのは、やっぱり会社の中で、ちょっと実績がある人でないと難しいかもしれないね。

ナナスケ君：実績がないと、信用度が低いということですか。

メンター：急につっかかるね。誰でも全く新規の提案をすんなり認めてもらえるのは、やっぱり簡単じゃないんですよ。

ナナスケ君：そうですか。

第5章 学生の反応と研究者交流会

　この科目の第1回講義の時に、受講生への心構えとして、外部講師から次のような点を聞き取り、その中からエッセンスを取捨選択して、自分のこれからの仕事や生活に取り込んでほしいと伝えた。

- 企業に入ってからイノベーションを起こすための準備とは何か
- 自分の研究内容の出口（応用先）の見つけ方
- 顧客の要望の聞き方
- 決定権を持っている人物の前でのプレゼンで留意すべきこと
- 研究開発の壁に当たったときの対処方法
- 自分の研究開発を中止しろと言われたときの対処方法
- ライバルに先を越されないようにするための留意点
- 自分の研究内容を活用してくれる顧客の見つけ方

外部講師の講義では、質問すればそれだけ多くの情報を得ることができる。外部講師それぞれの所属する企業について事前に調べて、質問事項を考えることをアドバイスした。

　少人数（6〜15人）の講義であったので、講師の話の途中あるいは終了後に学生から活発な質問が出て講師との有意義なダイアログが行われた。

5.1　レポートから見た学生の反応

　受講する学生それぞれに、外部講師3人の講義を分担として決め、各講義の中から、これからの仕事や生活で活用しようと思う内容をレポートとして提出を課した（講師1人に2人ないし3人の受講生が分担とな

る）。以下、主な受講生のレポート内容を記載する。同じような内容、経験、考え方を、違う業種の複数の研究者から聞くことで、深く印象に残り、これからの研究や生活に少しでも活かしていきたい、との姿勢が見られた。

（1）イノベーションの捉え方

　　イノベーションとは、技術革新ではなく、新結合、新基軸、新しい切り口、新しい捉え方、新しい活用法であるとの話、イノベーションの創出は深掘りと組み合わせから生まれるとの話など、何人もの講師から同じような話を聞き、イノベーションに対する考え方が少し変わった。また、産業イノベーションは一つの技術革新ではなく、多くの技術革新が重なって、つながって起きることも理解した。「セレンディピティ」は「構えある心」から生まれるので、現象、実験事実を見逃さない意識がないと生まれないことも学んだ。

（2）アイディアの生み出し方

　　アイディアを生み出す方法を具体的に聞くことは、今までなかった。独創が自分の中にあるという考えを捨て、アイディアを組み合わせることが重要で、特許をたくさん読んで 100 個のアイディアを出すという方法もある。いろいろな角度から考えてみる SCAMPER 法の活用を自分の研究でも考えてみたい。また、目標に向けたアイディアは本命、対抗、穴の 3 種類の発想が必要ということも活かしていきたい。

（3）企業での研究と大学での研究との違い

　　誰に、何を、どのように、提供するかなど、ビジネスデザインを研究の最初から考えることが大事であり、「スジの悪い」テーマを選ばないことが大切で、そのためには周りの人に評価してもらったり、いろいろなフレームワークを活用して考えを整理すること

も有用である。コア技術を使ったり、シーズから研究を始めよう
とすると、市場を都合の良いように考えてしまうリスクがある。
研究の継続、Go/Stop の判断はどの企業も同じようなチェックポ
イントを設けており、段階を上がるごとに判断されるが、研究の
スピードが重要なので、走りながら考えることも必要になる。ト
ラブルが起きることは当たり前で、そのときに本質に迫る努力を
することが成功への道となる。

（4）研究者としての姿勢

　何事も定量的に把握する習慣が大切で、研究者として熱意と粘り
強さを持って、自分で徹底的に考えること、周辺へのアンテナを常
日頃から考える。突き詰めて考えることから「閃き」が生まれる
可能性が出てくる。企業に入ってイノベーションを起こせるよう
になるためには、基礎的学問の理解と研究情報の収集・整理能力
をつける。

（5）コミュニケーションの重要性

　受け手の理解プロセスを分かった上で伝えないと、こちらの伝え
たいことが理解されない。相手が満足できることをまず先に話す
ことも教えられた。2・6・2 の法則があるように、自分の考えを
理解して前向きなメンバーは 2 割しかいないのが普通であること
は、結構驚きであった。また、企業の中では上司を含めた情報共
有が大切で、「報連相」に努めることも学んだ。顧客企業への説明
など決定権を持った人へのプレゼンテーションに当たっては、事
前に相手のことをよく調べ、しっかりした準備をして、熱意を持
って説明する。分からないことは、分からないと正直に言う。講
師とのダイアログの中で「声が小さい」「滑舌を良くする努力を」
と言われた学生も何人かあり、自分のコミュニケーション能力に
ついての甘さに気づいた。

（6）リーダーシップ

　　リーダーとしての素養や気概、明るく、強く、優しくという心の持ち方、日頃から80％のテンションで周りと接するなど、リーダーとして望ましい姿勢が少し理解できた。担当への業務の割り振り、皆が達成感を持てるようにするとチームワークが得られることも学んだ。

（7）マーケティングと外部との連携

　　外に出てニーズや用途を研究者自らがつかむ。「きっとこうなる」と仮定した上での市場調査と市場セグメント化が大事である。前向きで力を持っているキーパーソンを探すことで本当のニーズがつかめる。外部との連携は人との付き合いから生まれることも多く、長い付き合いがとても大事である。ただし、共同研究先に認めてもらえるだけの力、コア技術が必要である。企業から見て、アカデミアに良いネタがある場合も多いが、産学の契約に気をつけないと、お互いの認識が食い違って良い結果にならない。

（8）特許の重要性

　　特許戦略を誤ると研究から発展させた事業が潰れてしまう。ライバルに負けないためには数多くの特許が必要な場合もある。特に製薬業界では特許が事業の要である。知財管理を考えると、Confidential と書いても情報は漏れると思わないといけない。大学であっても、特許権の侵害で訴えられることがある。

（9）起業への心構え

　　起業は究極の自己表現であり、苦労する価値がある。周りからの反対があっても、自分の信念に従い、事業を成功させるという想いを持続させることが大事である。起業をやったことのない人の意見は聞かないこと。市場がある程度顕在化している、しかもプロにしか見えない市場を狙うべき、というのは今まで聞いたこと

がなく、経験に基づく真実味があった。リスクがあるからやめる
のではなく、リスクを制御する心構えが大事と聞いた。

SCAMPER 法の活用、「スジの悪い」テーマを避けること、極限まで
考え抜いた後の「閃き」の可能性、2・6・2の法則、どんな場合も準備
を欠かさないこと、など多くのキーワードは、学生が卒業して企業で活
躍するため、あるいはアカデミアでキャリアを積む場合であっても、大
切にしてほしい。自分で企画・計画を立てるときが来たときには役に立
ってほしい。この節の最後に学生のレポートの例を表5-1と5-2に示す。

表5-1　学生のレポート例（1）

物質システムビジネス概論レポート

二回に亘って行われた講義のうち印象深かったものと、いくつかの意見を述べる。

①定量的に把握する習慣について

　最も印象深いのは、この"定量的に把握すること"である。講師が導入部分でおっしゃった内容であり、おそらく先生自身が最も心がけていらっしゃることなのではないかと感じた。私は大学院で物質科学を専攻しており、ナノマテリアルの作製とその物性解明を行っている。これまでの研究過程では、もちろん扱う物質の物理・化学パラメータを把握することを心がけてきたが、振り返ってみると実験装置の細かな性能など「把握していない数量の方が多いのではないか」と思えるほどに見落としていたものがあった。日頃から自身が接する物事について、その細部に至るまで定量的に知るということは、二回目の講義で言及された"Prepare! Prepare! and Prepare!"にも何となく通ずるものがあると思う。これからの研究生活で取り入れるべき姿勢を学んだ。

②発想（ひらめき）について

　"革新とは無から生まれるものではなく、これまで積み上げられた無数の体系の組み合わせから生まれる"という内容が新鮮だった。これまでは、斬新で革新的な発想は天才が突然生み出すものだとばかり思っていたが、今回の講義を受けてその認識が改められた。新しいことを発想するためには、極限まで突き詰めて物事を考え抜き、最後のきっかけを意識の外から連れてくる必要があり、大抵の場合は「極限まで突き詰めて考える」ことを途中で放棄するのではないだろうか。おそらく、天才と呼ばれた人々はそれを放棄しなかったのだと想像する。もちろん頭の回転など、どうしようもなさそうな能力の限界はあると思うが、少なくとも自分の限界まで考え抜くという試みはずっと続けたいと感じた。

③コミュニケーションについて

　情報を発信する際、"受け手の理解プロセスを分かった上で伝える"ということが大事だということを学んだ。実際に研究室で後輩を指導したとき、私が伝えたことと相手の認識が異なることがある。これはまさしく、人が物事を理解する過程において、人それぞれのプロセスがあることに起因していると考えられる。私自身、常日頃から「言葉は簡単に伝わらない」と思っており、ちょうど講義でこの内容が取り上げられたため印象に残った。将来的に部下や学生を指導する立場に就く人は、特に意識して伝える訓練をするとよいのではないだろうか。

表5-2　学生のレポート例（2）

物質システムビジネス概論レポート

以下に、本講義を受けて、特に印象に残った、①『博士号取得者の強み』、②『研究の価値を高める研究』、③『報連相の考え方』、④『人脈の形成について』という４つについて示す。

①『博士号取得者の強み』として、「基本的学問の理解」と「情報収集の速度」という博士の強みからなる「膨大なデータを迅速に整理し、的確に対策を打つこと」「新技術や改善のネタになるような情報の収集」というスキルを有している点を挙げられていた。私は、「情報収集の速度」という点について意識せずに研究していたので、"取得した情報の価値"と"要した時間"について意識したいと感じた。

②『研究の価値を高める研究』として、自分の研究成果が迅速に適用できる手法の確立を挙げられていた。私の研究対象の１つである最適化計算では、計算能力の向上に関する研究も重要であるが、パラメータの自動調整も重要である。そして、上記の『研究の価値を高める研究』はパラメータの自動調整に該当し、その研究の価値を改めて実感した。

③『報連相の考え方』として、自分の権限の範囲を知ることが重要であるとおっしゃっていた。これは、自分の権限を逸脱する内容に関しては、上司に報告する必要があるためである。そして、部下に対し、報連相を指導する際にも、与えている権限を明確にし、どこからの範囲を報告してもらうか、指示することの重要性を述べられていた。上記の考え方は、すぐにでも使えそうな考え方なので、自分の有する権限について検討したいと感じた。

④『人脈の形成について』として、特定のコミュニティに入るためには、そのコミュニティ内部の人との違いを差別化するために、「自分だけの強み」が重要であるという点が印象的だった。この「自分だけの強み」は、博士課程における自分のコースワークとも密接に関わっていると思われるため、真剣に考えたいテーマであると感じた。

また、上記の４つ以外にも、現場の人との対話を通して、カタログに載っていない安い備品を購入するお話や、企業で教わったという人在・人罪・人材のお話など、興味深いお話を多数知ることができた有意義な講義であった。

5.2　受講生の評価（アンケート結果）

　本科目に対する受講生の評価は高く、満足度は非常に高い。大学院の博士後期課程の学生が対象であることから、研究活動に関してある程度理解しており、自分のこれからのキャリアをどうするか考え始めている時期である。そういう時期に、実際に企業で活躍するあるいはすでに実績を上げた研究者から直接経験を聞き、企業を訪問し、議論することで、キャリアに関する考え方、特に将来産業界で活躍することを考えている学生には、具体的なイメージを抱くことができた。受講生全員からの科目に対する評価アンケート結果を表5-3から表5-7に示す。

①授業科目の内容、目標をシラバスでほぼ理解した上で受講している。
②他の講義では出てこない概念や用語などを理解しようと取り組んでいる。本章の初めで述べた、学生への事前準備が理解に役立った。
③リーダーシップや企業マインドなど、本講座で目標とした内容をほぼ理解した。現場で活躍している講師からの具体的な例を挙げての説明で、企業マインドなどに関する知識が格段に増えた。
④授業科目を通じて得た知識や思考力など学修成果に非常に満足している。コミュニケーションやシステム思考と研究開発との関連などを知ることができた。
⑤企業で求められる博士人材について知ることができた。
　具体的な研究開発の流れを知ることで、イメージがつかめた。
⑥企業の専門的な話もあり少し難しい点もあったが、専門外への配慮もあった。いろいろな業界の研究者から話を聞くことで、研究に対する考え方、研究者の働き方、研究から開発そして実用化に至る道筋など、業界ごとに少しカラーがあることも分かった。一方、何人もの講師が同じようなことを話しており、その部分が特に大切だと

感じた。

⑦講義への事前準備や講義への負担はあまりなく、とても良い講義であった。

　2016年度からは講師の所属する業界を広げ、化学系や薬学系なども含め、受講生が関心を持つ分野から広く話を聞けるようにしたこともあり、受講生の満足度はさらに上がっている。また、本科目として次の年度以降の内容を考えるために、受講生からの講座内容に関する希望などを聞いた。博士後期課程の学生は研究時間に相当な時間を要するため、座学（講師とのダイアログ）、企業訪問、本章5.3節で紹介する研究者交流会などの時間配分（バランス）は現状のままがよいと、ほとんどの学生が答えた。ディベートについては、受講生自身が慣れていないこともあって、どのように準備してよいか必ずしも理解していなかったようで、もう少し詳細な説明を望む声もあった。

表 5-3　受講生アンケート（1/5）

			人数			
平成			27	28	29	30

			27	28	29	30
Q1-1. この授業科目全体を通しての到達目標（授業目標）を理解した上で、選択しましたか？	5	完全に理解	0	2	2	1
	4	ほとんど理解	2	9	7	9
	3	ある程度理解	2	2	5	3
	2	あまり理解せず	1	0	0	0
	1	理解せず	0	0	0	0

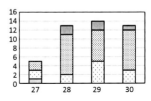

			27	28	29	30
Q1-2. また、授業を受講するに当たって、到達目標を理解した上で受講し始めましたか。	5	完全に理解	1	2	4	2
	4	ほとんど理解	1	8	3	9
	3	ある程度理解	2	3	6	2
	2	あまり理解せず	1	0	1	0
	1	理解せず	0	0	0	0

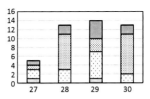

			27	28	29	30
Q2. この授業で出てきた新しい概念や事項について、その背後にある狙いや考え方まで理解しようと取り組みましたか？	5	常に理解	0	3	3	1
	4	多くの場合理解	2	6	9	10
	3	ある程度理解	3	4	2	2
	2	あまり理解せず	0	0	0	0
	1	理解せず	0	0	0	0

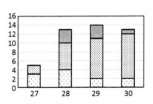

			27	28	29	30
Q3. 授業と自宅学習によって、前回の内容をどの程度理解して、次の回の授業に臨むことができましたか？	5	常に理解	0	1	0	1
	4	多くの場合理解	2	3	5	8
	3	ある程度理解	2	8	9	4
	2	あまり理解せず	1	1	0	0
	1	理解せず	0	0	0	0

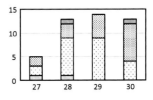

表5-4　受講生アンケート（2/5）

			平成	人数				
				27	28	29	30	

Q4. この授業科目全体を通しての到達目標を、どの程度達成できたと感じていますか？	5	ほぼ100%	0	1	3	0
	4	80%程度	2	8	8	12
	3	60%程度	2	4	3	1
	2	40%程度	1	0	0	0
	1	20%以下	0	0	0	0

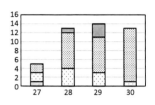

Q5. Q4のような達成度となった理由は何か、あなた自身の分析を書いてください。自由記述	まだプレゼン等終わっていないため。
	具体的な例をあげて分かりやすく説明してくれた。
	企業での事業やビジネスについて理解することができた。
	授業内容に対し、内容把握はできるが実践できるほどにこなせていないと思うから。
	本当の意味での達成度は将来どう活かすかであるから。
	リーダーシップや企業マインドについての理解は深まった一方で、各企業の専門的な内容は理解が及ばない点が多かった。
	講師の方々は企業に勤めている方がほとんどであるにもかかわらず、企業の紹介ではなく物事の考え方、取り組み方を中心にお話しして頂き、理解しやすかった。また、別の講師の方々が同じようなことをおっしゃることも多く、その部分が本当に大切なことなのだと実感しやすかった。
	企業での研究について、少し理解できたから。
	企業で研究している方のお話を伺い、自分の中で、今の研究をどのように社会に還元するべきか、今、会得しておくべき素養についてのビジョンを明確にすることができたため。
	毎回の授業内容を反芻し、自分のものにしようと努めたため。
	様々な企業の方の話を聞くことで、システム発想型物質科学の観点から出る成長戦略や成長の仕方について知ることができたため。
	事前に授業をしてくださる企業について調べた上で授業を受けていたため、どのような事業をしているのか理解して講義を受講することができた。その結果、講義内容をより深く理解できたと思います。

表5-5　受講生アンケート（3/5）

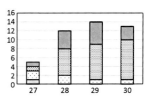

			平成	人数			
				27	28	29	30
Q6. この授業科目を通して得た学修成果（知識や思考力）に、どの程度満足していますか？	5	非常に満足		1	4	5	3
	4	かなり満足		1	6	8	9
	3	どちらかと言えば満足		2	2	1	1
	2	どちらかと言えば不満		1	0	0	0
	1	不満		0	0	0	0

Q7. この授業科目を通して、何を学ぶことができましたか（システム思考、企業マインド、デザイン思考、リーダーシップ、国際発信力など）あるいは何ができるようになりましたか？	コミュニケーションスキル。
	デザイン思考、システム思考。
	システム思考に関する理解を深めることができた。
	企業の人が何を考えどう動くかを知ることができた。また、研究を進める上で、精神状態の管理や息抜きの仕方などは少し実践している最中である。
	企業マインド。
	企業で求められる博士人材のスキルや、企業における研究開発の流れについて知ることができた。
	企業での研究者としての仕事の仕方を具体的に知ることができたことが一番有り難かった。ただ、物質科学系の方が多く、システム系とは違う部分も多く感じた。しかし、根本的な考え方や取り組み方は共通であると思うため、その部分で多く学ぶことがあった。
	実際に現場で活躍する人の講義から、企業マインドに関する知見が以前に比べて格段に増えた。
	企業における研究開発能力がどのようにシステム発想型物質科学となって製品を世の中に出しているのかと、研究開発とシステム発想の結びつきの大切さについて学ぶことができた。
	企業マインド、企業で研究する際に必要な考え方。
	企業で研究するということについて、より具体的にイメージすることができるようになりました。

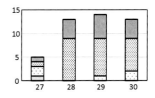

			人数			
			27	28	29	30
Q8. 講義内容はリーディングプログラムの趣旨あるいはシラバスと一致していましたか？	5	常に一致	1	4	5	4
	4	多くの場合一致	1	9	8	7
	3	ある程度一致	2	0	1	2
	2	あまり一致せず	1	0	0	0
	1	一致せず	0	0	0	0

表5-6　受講生アンケート（4/5）

				人数			
			平成	27	28	29	30
Q9. 講義（パワーポイント）資料、配布資料などの教材は適切でしたか？	5	工夫があり適切		1	6	5	5
	4	多くの場合適切		0	3	6	6
	3	ある程度適切		1	3	2	2
	2	適切でない場合もあり		3	1	1	0
	1	適切でない		0	0	0	0

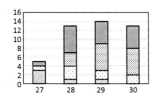

				人数			
			平成	27	28	29	30
Q10. 講義内容、事前準備などの講義への負担は過度なものになっていませんでしたか？	5	負担はなく内容も満足		1	5	6	9
	4	負担はあるが内容に満足		1	7	5	3
	3	ある程度負担はあるが内容に見合っている		3	1	3	1
	2	負担の割には内容が見合わない		0	0	0	0
	1	負担があり内容も不満		0	0	0	0

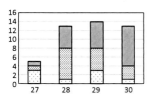

Q11. Q10のような負担度となったことに対して、あなた自身の分析を書いてください。	特に負担だと感じなかったため。
	授業に割く時間が限られていたため。
	時々、研究実験と重なることがあった。
	そのような講義スタイルであったから。
	事前準備はあったが、数企業ほどであったから。
	あまり負担に思う内容はなく、内容も十分勉強になったと感じている。
	企業の方々の講演の際は軽度な宿題と事前調査だけであったのでほとんど負担はなかったが、ディベートや企業交流会はある程度の準備が必要であった。また、企業見学も時間的な拘束はある。しかし、どれも授業終了後には必要であった、もしくは少し足りなかったと感じることができた。
	講義のペースや宿題はほとんど負担にならなかったから。
	課題などが特に厳しいものではないが、毎回、さまざまな分野のプロフェッショナルな研究者のお話を伺えたため。また、企業の見学もあり充実した内容であったため。
	ドクターでは、ほとんど授業がないため、週1程度であればスケジュール上の無理がない。
	予習と復習の範囲なので、特に大きな負担と感じなかった。
	講義の事前準備やレポートは半期に3回程度であったので負担にはならなかったため。
	課題は多くなく、全く負担と感じませんでした。

表 5-7　受講生アンケート（5/5）

	平成	人数			
		27	28	29	30

Q12. 講義内容は専門外（異分野）の学生への理解にも配慮された内容でしたか？(H28年は未回答1件あり)

		27	28	29	30
5	常に配慮	2	2	4	2
4	多くの場合配慮	2	6	7	9
3	ある程度配慮	0	4	3	2
2	あまり配慮されず	1	1	0	0
1	配慮されず	0	0	0	0

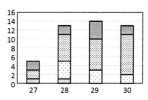

Q13. 授業は教員・学生間あるいは学生同士のディスカッション、教員・学生双方向での対話などに配慮されたものになっていましたか？

		27	28	29	30
5	常に活発にできた	1	4	3	2
4	多くの場合できた	2	5	9	9
3	ある程度できた	2	4	2	2
2	ほとんど配慮されず	0	0	0	0
1	配慮されず	0	0	0	0

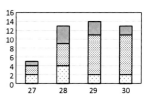

Q14. 教員へのメッセージ	これまでの経験から言っても、とても良いプログラムだったと思う。
	多くの企業の方々のお話を伺うことで、企業における研究者の役割について学ぶことができました。
	貴重なお話を聴く機会を作っていただきありがとうございました。
	前期、お世話になりました。各企業の方とのコンタクトなど、非常に準備が大変な講義であることは承知しておりますが、4期生、5期生のためにも、来年度の開講を期待しております。ありがとうございました。
	最後のディベートに関しては、条件が難しいように感じました。参考文献リストや配布資料などがあれば良かったと思います。
	SiMSプログラムだからこそ受けられた授業だったと思います。ありがとうございました。
	普段企業の方のお話を聞く機会がないので、とても良い経験になりました。ありがとうございます。

90

5.3 研究者交流会

本科目の受講生を対象に、講義の枠外ではあるが、希望者に対し、大手企業での研究者交流会を実施した（結果的には受講生全員が参加）。初年度（2015年度）は準備が間に合わず、2年目の2016年度から3社あるいは2社を訪問して（表5-8）、

①学生の研究内容の発表
　5〜6分の口頭発表とポスターの前での質疑応答
②企業の研究所紹介と研究内容の紹介
③企業の若手研究者と学生との交流
を行った。

学生の発表は、各社ごとに4人ないし5人で、事前に3回程度予行演習を行い、

● 専門外の研究者にも理解しやすい内容となっているか
● 自分のオリジナリティをしっかり説明できているか
　（教官や先輩の業績と自分の実施内容との区別）
● 将来の発展の可能性について述べているか
を担当教官およびメンターで指導した。

博士課程の学生は、すでに学会発表を複数回経験しており、自分の研究内容を発表することには慣れているが、それは専門外の研究者に分か

表5-8　研究者交流会の実施

2016年度	電機・事務機器P社、非鉄S社、鉄鋼S社
2017年度	電機・事務機器P社、機械D社、鉄鋼S社
2018年度	電機・事務機器P社、機械D社、鉄鋼S社
2019年度	電機・事務機器P社、鉄鋼N社

写真5-1　ポスター発表状況

りやすい内容とは決して言えるものではない。この発表はいずれ就職活動でも役に立つものであるから、学生も真剣に指導を受け、かなりブラッシュアップすることができ、とても分かりやすい発表となった。

　この交流会は直接就職活動に結びつくものではないが、ポスターセッション（写真5-1）で、専門的に突っ込まれた者もいれば、今後の研究に大変良いアドバイスを受けた学生もいた。表5-9に学生の発表テーマの一例を記載する。

表5-9　交流会での学生発表テーマの例

1	軌道角運動量を持つ光を用いた磁気秩序の制御理論
2	工場排ガス中の NOx 処理と硝酸への資源化プロセスの開発
3	癌治療のためのドラッグデリバリーシステムの基礎研究
4	金属表面の構造制御手法の確立と表面分光手法の立案
5	ナノ構造超伝導体の転移温度に関する理論・計算研究

　発表の有無にかかわらず、参加した学生は全員、企業の若手社員との交流会に参加した。その場で、企業での研究者の生活、研究テーマの決め方、さらには休日の過ごし方まで質問することができ、通常の企業説明会とは一味違う交流ができたことで、研究者交流会に対する評価が一段と上がることになった。

ちょっと一休み⑤ 『人間関係』

今日はシンジロウ君が、メンターさんと話をしています。

シンジロウ君：この前先輩が研究室に来たんですが、その先輩、上司とそりが合わなくて困っているらしいんです。もしも、自分がそうなったらと思うと、他人事と思えないんです。何かアドバイスできることを教えてくれませんか。

メンター：もしも、その先輩がパワハラを受けていると思うんやったら、会社のコンプライアンス・マニュアルに記載されてる、社外の相談窓口とまず話してみるのがいいと思う。社外の窓口は上司には内緒で会ってくれると思うよ。

シンジロウ君：僕が聞いた話では、パワハラというわけではないようです。

メンター：そうならば、ありきたりやけど、上司の良いところも探してみる。こっちが嫌いと思っていると、相手に何となく伝わってますます仲が悪くなる。

シンジロウ君：そんなに簡単じゃないと思うんです。会社の中では、上司以外に相談する人っていないんでしょうか。

メンター：誰と相談したらいいか、なかなか難しいかもしれませんね。会社の同期の仲間の中で、違う部署にいる安心できる友達がいるといいんだけどねえ。他の会社に行った学生時代の仲間や家族には、なかなか実情がつかめないから、相談しても適切なアドバイスがもらえないかもしれない。

シンジロウ君：……。

メンター：本人がちゃんと仕事することが大事やね。本人が苦労して仕事していることが周りに見えたら、助けてくれる人が出てくると思う。

シンジロウ君：それまで待たないといけないのじゃ、大変ですね。

メンター：本当にしんどくなる前に、採用の時に世話になった人事の人と、一度話すことを勧める、とその先輩に言ってください。会社に入った人が、上司との関係の悪さで仕事が進まないとしたら、会社にとって大きな損失なんで、話に乗ってくれると思うよ。

シンジロウ君：分かりました。

| 第6章 | 研究者インタビュー |

6.1　インタビュー実施内容

　大阪府立大学の大学院生に、研究者として実績を上げてきた企業研究者OBの人たちの話を直に聞かせたい、との思いを本科目が始まるより以前から考え、その方策として研究者インタビューを始めた。このインタビューは、2000年から2014年頃までNHKで不定期に放送されていた、"Inside the Actors Studio"という番組（注6-1）に触発されて、ほぼ決まった質問を使ってインタビューを行う形式で実施した。2011年から2019年の間に表6-1に示すいろいろな業界の方18名にインタビューを行い、それぞれ約7分間の映像に編集し、大学院生向けの講義で使用した。インタビューを実施した18名のうち、12名の方は博士取得者であり、年齢構成では60歳以上が11名、40歳台あるいは50歳台の方が7名である。

表6-1　インタビュー実績

電機・事務機器	4
電子部品・機器	1
自動車部品	1
機械	2
化学	3
鉄鋼	2
非鉄	2
建設	2
財団（研究）	1
合計	18

　いろいろな業界の企業の方に紹介を依頼し、インタビュー取材対象者（候補者）が決まると、

①インタビューの趣旨および内容説明の依頼文（表6-2）を送付し内諾を得る。

②対象者の略歴（専門分野、研究部門での勤務年数、博士号の有無）などを問い合わせる。

③対象者の略歴などに合わせた質問リスト（表6-3に例を示す）を送

付し、内容了承を得る。

④ビデオカメラを持参して、インタビューを実施する（約15〜20分）。

⑤6〜7分程度に編集し、最終確認のため対象者へ送付して確認を得る。

の手順でインタビュー行い、編集した映像を大学院生向けの講義の中で使用した。

（注6-1）ニューヨークにある Actors Studio Drama School がこのスクールの大学院生である、俳優、監督、脚本家を目指す学生を対象に、著名なアカデミー賞受賞者たちを招いて、公開で行ったトーク番組。James Lipton の名司会により、すでに名声のある俳優たちが、履歴、成功をつかんだチャンス、何が成功をもたらしたかなどを語る。1990年から24年間 James Lipton が中心となって続けられた。メリル・ストリープ、スティーブン・スピルバーグ、ダスティン・ホフマン、クリント・イーストウッドなどそうそうたる出演者が自分の半生を語った。

表6-2　インタビューの趣旨および内容説明

企業の研究開発者（OB）へのインタビュー概要

大阪府立大学　酒井

　理系の大学院生へのメッセージとして、いろいろな業界で研究開発に携わってこられた方々に、自分の進路決定に至った経緯や、企業での研究開発の仕事の醍醐味などをインタビュー形式で伺います。約20分のインタビューを7分程度に圧縮し、学内の講義で使用します。

［インタビューで質問する内容］
あらかじめ、インタビューをお願いした方から、簡単な経歴をいただき、その内容（ご専門など）を参考に質問内容を決めます。下記は主な質問内容の例です。
1. 工学部（理学部）に進学された動機。
2. ご自身の専門領域はどのようにして選ばれましたか？
3. 企業の研究開発者として楽しかった思い出と、苦しかった思い出。
4. 会社生活の中で困ったときに、支えてもらったり、助けてもらった人はどのような方ですか？　同僚、先輩、上司など。
5. 研究開発のアイディアはどのようにして生み出しましたか？
6. 研究開発者として、どのような資質や性格などが大事と思われますか？
7. 本人の上司と合わなくて困っている技術者には、どのようなアドバイスをされますか？
8. 大学での勉強で何が一番役に立ったと思われますか？

［今までインタビューさせていただいた方］
　以下省略

表6-3　インタビューの質問例

インタビュー・シナリオ例

私からの質問にお答えいただく形で、インタビューをお願いします。
Q1）所属とお名前を教えてください。
Q2）大学の工学部に入学されたのは、何かきっかけはありましたか？
Q3）大学で博士課程まで進学されたのは、何か理由がありましたか？
Q4）企業に就職先を決めるポイントは何でしたか？
　　　アカデミアへの進路は考えましたか？
Q5）工学博士を取得後に企業に入られて、何かメリットはありましたか？
Q6）研究開発部門でお仕事されていて、研究のアイディアの源泉は、どのようなところにあると思われますか。
Q7）ご自身の研究テーマが実を結ぶまで成功したとき、その成功要因として大きかったことは何でしょうか？
Q8）勤務されている会社の一番の魅力は何でしょうか？
Q9）会社で働き始められてから、どのくらいたったときにリーダーとしての自覚を考え始めましたか？
Q10）会社生活の中で困ったときに、支えてもらったり、助けてもらった人はどのような方ですか？　会社に入ってから、そのような方は自分で見つけましたか？
Q11）後進の育成にも取り組んでおられると聞きましたが、部下が、仕事の内容、上司との関係で問題を抱えていると思われたときは、どのようにアドバイス、あるいは指導されましたか？
Q12）研究開発者としてのレベルアップのために、会社に入ってから、心がけたり、努力されていたことがありますか？
Q13）将来、製造業で研究開発者として活躍するために、大学生の時から心がけたり、どのような勉強をしているとプラスになると思いますか？
Q14）最後に、日本の製造業をこれから背負っていく若い学生にエールをお願いします。

（以上です）

6.2　インタビューで聞いたこと

インタビューした、研究者 OB の方、現役の方は専門分野も業界もさまざまであり、質問事項に対して、さまざまな話を聞いた。これから民間企業（特に製造業）の研究者を目指している学生（大学院生）に向けて、インタビューで聞いた主な内容を以下にまとめる。

（1）大学の工学部（理学部）に進学した動機

　　高校時代に理系の科目、数学や物理が得意だったことが工学部や理学部へ進学した理由、という方が多かった。小学校の頃に国内の大きな工場を見学したり、映画でその様子を見たりしたことで大きな影響を受けている方もある。周りに電化製品が溢れてきた時期でもあり、ものづくりが好きで何か形あるものを残せる仕事に就きたいと思って理系に進んだ人もいる。家族の仕事の影響であったり、機械いじりが好きだったこととか、社会風潮が理系偏重だったと答えた OB もいた。

（2）自身の専門領域を選んだ理由

　　理系の中で専門領域を特定したときの理由として、高校の先生の影響とか父親の仕事の影響という方もいたが、新しいものを生み出せる専攻として、目に見える形で物が残せる分野として、あるいはまだまだ発展途上の学問分野として選んだ、との答えもあった。またより具体的に、電子回路を勉強するためとか、高分子を勉強するためとの回答もあった。

（3）就職先を決めたポイント

　　就職先を決めたポイントとしては、大学の指導教官からの勧めが最も多く、先輩からの勧誘、民間企業からの誘い、自身の研究テーマに近い仕事だから選んだなどの理由が続いた。社会に製品を出す仕事ができると思った企業、これからの時代を牽引すると思

った企業、海外駐在の可能性で選んだなどの理由もあった。

また、博士課程を出てアカデミアに進まず企業に就職したのは、実際の機械を作りたい、社会への明確な貢献ができると思った、あるいは大学紛争で大学に愛想を尽かしたり、家庭の事情で企業への就職を決めたとの回答もあった。

（4）博士号を持っていることのメリット

博士号を取得した方は、博士課程での研究を通じて、研究の進め方を会得できたり、広い分野の勉強をする時間を持てたこと、世の中の常識を疑う目を養ったなどが良かったと答えた。ほとんどの方は、海外での博士に対する待遇、対応が違っていたこと、国内外に限らず、博士号を持っていることで信頼してもらえたことがメリットであったとの答えであった。また企業に入社した時に、期待されているという意識を持てたこと、専門を活かせる職場に配属されたとの話もあった。

（5）研究開発部門での仕事の面白さと辛かったこと

今までにないものを研究開発する楽しさとともに、自分が携わったことが製品になり、世の中で使われているのを見たときとか、顧客や社外の人からも評価されたときはとても嬉しかったと皆さんが言っていた。多くの研究開発者は、製品となるまで一気通貫で関わること、世界中の研究者と競争しているという緊張感など、研究開発の醍醐味は大きいと話した。

一方、できるかどうか分からなくて追い込まれたとき、製品に適用されるまでの最後の段階で苦労したとき、あるいは途中で開発テーマを中断せざるを得なかったときなどの苦労も味わっているようだ。

（6）研究開発のアイディアの見つけ方

アイディアの見つけ方としては、

①特許、海外文献も含め、広い視野での情報収集

②ユーザー、社外の人や大学などいろいろな人との交流

③次世代に向けたニーズ、問題点、課題を考え続けること

④現場の人との話の中でテーマやヒントが見つかること

⑤他分野や自然界からのヒント

⑥自分の周りにいる研究者の開発テーマからのヒント

などが有益との話であった。

（7）研究開発テーマが成功に結びついた要因

プロジェクトが成功するためには、社内のいろいろな部門の協力が不可欠で、そのためには良き理解者を得ることが必要だという。他部門とのコミュニケーション、開発している内容を好きになってくれる人を見つけること、モチベーションを高めることが大事との話を聞いた。研究開発の対象によっては使用者側に良き理解者を得ることも必要になる。研究はテーマ設定で、成功するかどうかの大半が決まるものであり、スジの良い研究であること、さらに、実験データをよく分析解析することを含め、愚直にしつこく進めることが大事との意見が多かった。

研究開発テーマは突然打ち切りになることも十分考えられる。製品に適用できなければ、それはそれで止むを得ないと割り切ることが必要である。いずれ時間がたてば、使える可能性が出てくる場合もあるので、アングラで温め続けたとの話も聞いた。

（8）研究開発から製造部門に変わったり、マネジメントに変わったときの対応

インタビューした方々は、会社の中で高いポジションまでいった方が多かったこともあり、どこかの時点で製造部門に異動したり、マネージャーの仕事が主となって研究開発から離れる経験を持っている。そのときには「郷に入れば郷に従え」で、どのような仕

事にも面白さはあると考え対処している。営業部門などに自分の希望で異動した方もいるし、今までと違う面から物事を見られるようになった、との話もあった。リーダーとしての仕事は、部下を育てることで楽しかったし、チームを率いての開発はやりがいがあったとも言われていた。また、自分にしかできない、会社にとって有益な専門分野を持っていれば研究活動を続けられる、とのアドバイスもあった。

（9）会社生活で特に印象に残っていること

会社生活での大きな出来事として、海外留学、異分野への異動、大リストラの経験、新規組織の立ち上げなど、多くの経験を聞いた。研究開発者としては、初めて大きなアイディアを見つけたときのこと、開発が実機プラントまで到達したときのことが印象深いと聞いた。また、技術開発が成功しても事業ではうまくいかないことを経験したことや、管理者になって、部下を育てる責任とプレッシャーを感じたことなども聞いた。

（10）困ったときに、支えてもらったり、助けてもらった方は？

良き上司に巡り合ったことを挙げている方が大半であった。チームで仕事をすることが増えているので、チームメンバーや先輩、部下に支えられたという話もあった。困ったこと、一人ではなかなか解決できないことは、長い会社生活の中では必ずと言っていいほど起きるであろう。支えになってもらう、助けを乞う人は一朝一夕にできるものではない。日頃から相互に信頼し合える仲間をつくる努力も大事である。さらに、最後の支えは家族と言われた方も何人かおられ、その通りであろう。

（11）研究開発に向いている資質や性格は？

好奇心と粘り強さ、熱意を持ってしつこく頑張れる性格が向いているが、壁に当たることは必ず起きるので楽天家であることも大

事との話であった。具体的な仕事を考えると、スジの良い研究テーマを設定できるためには「勘」のようなものも必要であり、チームでの研究開発を行う上ではコミュニケーション能力が重要である。研究のフェーズと違い開発のフェーズになれば失敗が許されないので、何事にも用心深い性格が開発には向いているとの話もあった。また、チームで研究開発を行う上では、色々な性格や資質を持った人がお互いを補完し合って良いチームになるので、特定の性格・資質を持っていないと向いていない、ということはないと言われた方もいた。

（12）研究開発者としてのレベルアップのための努力

インタビューした方々は皆さん、会社に入ってからも、学会なども含め広い分野の情報収集と、社会環境の変化を注視していて、展示会に足を運んだり、時として原点に戻って教科書を読んだりもしていた。専門外の論文、専門書をよく読んでいた、と答えた方も多く、リベラルアーツとスポーツを欠かさないこととか、上手に休養を取ることが大事との話もあった。きっと、左脳を休ませて次のステップアップに備えるのであろう。

（13）上司と合わなくて困っている技術者へのアドバイス

会社内での人間関係の問題は昔からあるが、パワーハラスメントという言葉とともに、最近注目されている。上司と合わないと思っている場合でも、共通の大きなゴールを設定することができれば克服できるかもしれないし、上司にも悪い面だけでなく良い面もある。上司が嫌いだと思っていると相手にもそれは伝わるので、良い面を見るようにしたら、との話もあった。そんなことで解決しない場合もあると思うが、上司との折り合いの悪さばかりが目立つようでは不幸であり、自分の仕事は少なくともきちんとしていることが周りの人たちに見えることが大事であろう。そうすれ

ば助けてくれる人が出てくるし、本人か上司かどちらかを異動す
るしかないと思って動いてくれる人が出てくる。

(14) 大学生の時から心がけたり、どのような勉強がプラスとなるか？
　　大学生の間に、広く基礎的な学問をしっかり勉強することが一番
大切と語った方が大半であった。大学院で博士課程まで進学する
学生には、自分の専門領域をしっかり持っていることで、別の領
域でもやっていける実力が備わることを話された方も多かった。
その上で、これからの世の中で語学が必要となる機会は増えると
思われるし、チームでの仕事の実績を上げるためにはコミュニケ
ーション能力をつけてほしい。大学の中でも教授、先輩など年齢
の離れた人との間でコミュニケーション力を磨く機会はある。リ
ベラルアーツやスポーツを含めいろいろなことに興味を持って視
野を広げるなど、人としての幅を広げることも、研究開発で外部
との連携を取るときにプラスになるはずである。
　　最近入社してくる大学院生を見ていると、諦めの早い人が目立つ。
情熱を持って研究開発に取り組むことを大学にいる時から心がけ
てほしい。また、海外赴任を嫌う人も多くなっているが、是非と
も若いうちに海外経験をし、いろいろな価値観を学んでほしい。
コミュニケーションに自信のない学生も時々見かけるが、積極的
傾聴、すなわち相槌や話を引き出す感嘆の言葉などを出すことを
心がけてほしい。自分が発言すれば、間違ったことは訂正しても
らえて、自分の考えていることがレベルアップすると思ってほし
い。

(15) これからの日本を背負っていく学生へのエール
　　製造業で活躍されてきた方々は、皆さん日本の実力を確信してお
られ、基本となる学問を身につけて、社会に出ていく若者の未来
は明るい、と言われた。これからの世の中で大きな変化が起きる

可能性はあるが、どんな世の中になっても必要な技術はある。広い視野を持って、失敗を恐れず、オリジナリティを大切にしてチャレンジすることでチャンスをつかもう。時として、会社の常識をも疑ってかかり、未来を見据えて、令和の時代は平成生まれが支えるという気概を持ってほしい。

おわりに

　リーディング大学院 SiMS プログラムの選択科目、物質システムビジネス概論で、いろいろな業界の研究者 OB や、現役で企業の研究所で活躍されている方から受けた講義は刺激的であった。所属する企業により研究に対する取り組みにもバラエティがあるが、一方で、イノベーションを起こそうとする姿勢は皆同じであり、共通する話題も多かった。

　その中でも、研究のアイディアの見つけ方、特に「無から有は生まれない」ことから、積み重ねた考察、異分野を含めた広範な知識を種として、その組み合わせや見方を変えることからアイディアは生まれる。「スジの良い研究」であることを見極めることが重要で、特許を含めた他者の情報、周りの研究者や事業部とのコミュニケーションが役に立つ。研究結果が事業として実を結ぶためには、粘り強く、社内の協力や社外との連携に、研究者自身が労を惜しんではならない。事業化の前に、研究者が知財戦略を立てることも大事である。など多くの示唆に富んだ話を聞き、この本をまとめることができた。

　多くの講師から学生へのメッセージをまとめる。

- イノベーションを起こす研究者には、基礎科学の土台と専攻分野の深掘りが必須である。
- 企業での研究、外部との連携のためには、論理的かつ情熱的な説明ができるコミュニケーション力が必要で、大学内でも教授や先輩とのダイアログで培ってほしい。
- 自分の専門に限定せず、広い領域に興味を持って視野を広げてほしい。
- 技術課題を解決するには、考え続けること、そのためには粘り強

さや体力も必要になる。

● 何事にも準備第一で、提案する、説明する、指示する、などの前に
Prepare!　Prepare!　and Prepare!

● ベンチャーの起業を目指すのであれば、リスクを制御する心構え
で、自分で決断する。

　研究者インタビューで聞いた「令和の時代は平成生まれが支えるとの
気概を持って」を忘れずにいてほしい。受講した学生が博士号を取得し
て社会人となり、進化したアイディア、顧客価値を見出し、イノベーシ
ョンを起こして、日本の産業界を牽引してくれることを期待する。研究
という仕事も、プライドを満足させるだけでなく、幸せに生きるための
手段である。自分をよく知り、社会人になってからも努力を惜しまず、
成功体験者になってほしい。

　最後まで読んでいただきありがとうございます。理系大学院生だけで
なく、すでに企業で研究開発業務に従事されている方のお役に少しでも
立てることを望みます。

謝辞

　この本を出すにあたり、「物質システムビジネス概論」の担当教授である芦田淳教授、高度人材育成センター長の松井利之教授から温かい励ましを受けましたこと、SiMS プログラムの責任者である高橋哲也教授から快くご了解を得ましたことへ、心からお礼申し上げます。この本の内容は、河北哲郎様、大林元太郎様、小林章一様、前川隆昭様、松田公昭様、岡崎章三様はじめ、多彩な企業研究者ならびに企業研究者 OB の方々の講義をまとめたものです。また、ベンチャー企業の心得を岡田穣治社長から聞く機会を得ました。講師の方々には、講義内容の一部を引用し、この本にその内容をまとめることで使用いたしましたこと、厚く謝意を表します。最後になりましたが、本書の出版にあたり、大阪公立大学共同出版会の児玉倫子様、川上直子様に大変お世話になりました。また、本書のためにイラストの作成を末岡由実子様にお願いしました。心より謝意を表します。

＜参考文献＞

1）河北哲郎・酒井俊彦編著『大学院教育改革を目指したリーディングプログラム』
　　　　　　　　　　　　大阪公立大学共同出版会　　2019.03.29
2）有機合成化学協会・日本プロセス化学会編『企業研究者たちの感動の瞬間』
　　　　　　　　　　　　　　　　　　化学同人　　2017.03.15
3）足立武志著『はじめての人の決算書入門塾』　　　かんき出版　　2007.04.16
4）アレックス・オスターワルダー＆イヴ・ピニュール著『ビジネスモデル・ジェネレーション』
　　　　　　　　　　　　　　　　　翔泳社　　2012.02.09
5）フィリップ・コトラー著『コトラー　マーケティングの未来と日本』
　　　　　　　　　　　　　KADOKAWA　　2017.03.24
6）シェルパ著　酒井光雄監修『図解＆事例で学ぶマーケティングの教科書』
　　　　　　　　　　　　　マイナビ　　2015.01.27
7）長沢伸也、川栄聡史共著『キリン『生茶』・明治製菓『フラン』の商品戦略』
　　　　　　　　　　　　日本出版サービス　　2003.10.25
8）川勝久・榎本宏共著『新しいマーケティングがわかる本』
　　　　　　　　　　　　産能大学出版部　　1996.11.30
9）佐藤義典著『実践 BtoB マーケティング』
　　　　　　　　日本能率協会マネジメントセンター　　2011.12.30
10）吉本佳生、NHK「出社が楽しい経済学」制作班編『出社が楽しい経済学』
　　　　　　　　　　　　日本放送出版協会　　2009.01.10
11）吉本佳生、NHK「出社が楽しい経済学」制作班編『出社が楽しい経済学 2』
　　　　　　　　　　　　日本放送出版協会　　2009.10.10
12）中川智皓著『授業でできる即興型英語ディベート』
　　　　　　　　パーラメンタリーディベート人材育成協会　　2017.08.10
13）石井洋二郎・藤垣裕子著『大人になるためのリベラルアーツ』
　　　　　　　　　　　　東京大学出版会　　2016.02.26
14）西堀榮三郎著『技士道十五ヶ条』　　　朝日新聞社　　2008.01.30
15）トム・ケリー・ジョナサン・リットマン著『発想する会社！』
　　　　　　　　　　　　早川書房　　2002.07.31
16）上杉志成著『京都大学人気講義 サイエンスの発想法』
　　　　　　　　　　　　祥伝社　　2014.04.30
17）狩野みき著『世界のエリートが学んできた『自分で考える力』の授業』
　　　　　　　　　　　　日本実業出版社　　2013.07.01
18）戸塚隆将著『世界のエリートはなぜ、『この基本』を大事にするのか？実践編』
　　　　　　　　　　　　朝日新聞出版　　2014.08.07

110

［巻末付録①］

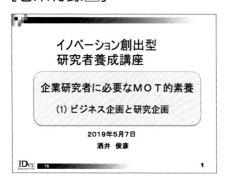

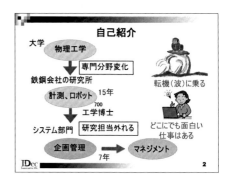

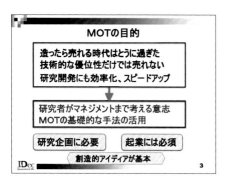

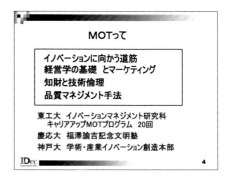

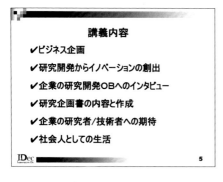

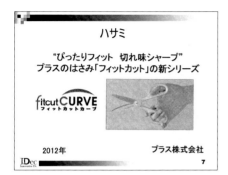

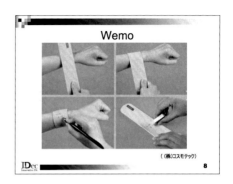

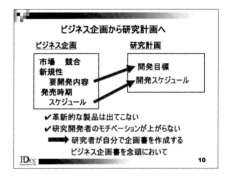

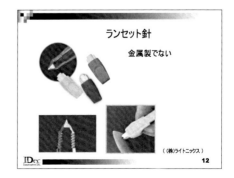

112

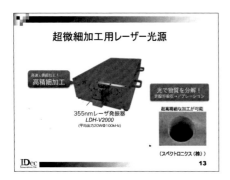

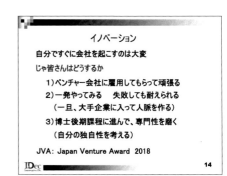

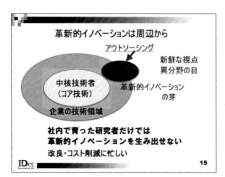

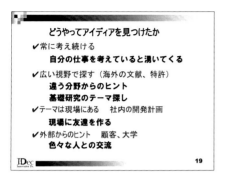

114

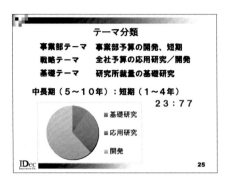

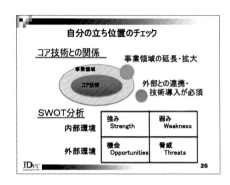

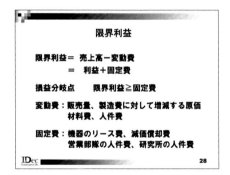

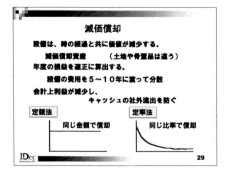

事業化に至る確率

開発プロジェクト成功の確率	26.7%

研究開発が事業化に結びつく確率

基礎研究から　　　12.3%
応用研究から　　　31.6%
開発から　　　　　59.8%

失敗してもあまり気にしない
中断することも躊躇しない
簡単に諦めない

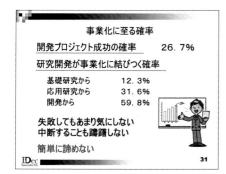

31

マイルストーン

マーケットイン　：すぐに追いつかれないか？
シーズ先導　　　：**実現性？市場アクセス？**

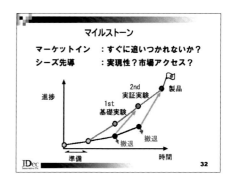

32

成功基準（撤退基準）

✔第1ステップの技術開発課題のクリアー

✔マーケティングの評価の確認
　想定価格（生産コスト）　市場ニーズ評価

✔開発費、設備費などの詳細見積もり

✔アライアンス先の決定

✔競合特許の調査結果

33

サンクコスト（埋没費用）

今までの（過去の）費用は取り返せない
せっかく今までやってきた、あと少しで何とか
➡赤字が増えるだけ

> 過去の費用は忘れる
> 今後の計画を評価

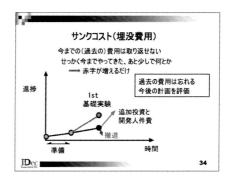

34

研究計画（4）

全体計画		2019				2020				2021				
研究実施項目	具体的目標	1	2	3	4	1	2	3	4	1	2	3	4	工数
研究体制														
過去の実施内容との関係														
成果の具体的な展開(評価、認定、発表、事業化への展開など)														
CO2排出削減への効果の有無														

35

価格の変動

他社の参入、代替製品までに開発費用を回収

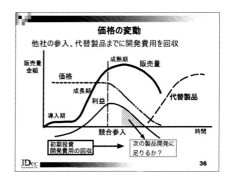

36

116

企業から見た 採用する
研究者/技術者への期待

IDec
37

企業は修士卒に何を期待するか

(1) 専門分野を持っているか

(2) 将来の転戦、ゼネラリストの可能性

(3) 元気、協調性

(4) ここぞという時に
力を発揮できる
芯の強さ

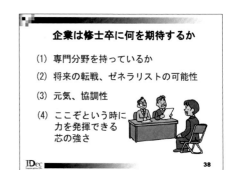

IDec
38

博士卒に何を期待するか

従来の（社内に固定された）視点と
違う視点をもった研究者

最新技術の探索ルートを知っている研究者

異分野の技術の応用ができる研究者

社内に不足している専門分野でリーダー
となれる研究者

IDec
39

企業の中での開発

企画する人　　全体を統括する人

決断する人

仕事をさせられる人

会社の業績を支えているのは
☆古い製品
☆生産／製造技術
新製品の売り上げは
20%が目標

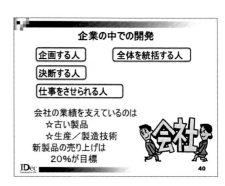

IDec
40

企業の中での自分の専門性

自分の陣地を探す／築く
専門性がないとプロジェクト
に呼んでもらえない

IDec
41

社会人としての生活

IDec
42

健闘をいのる

保身第一の上司との戦い
　　　　どんな職場でも自分を活かせる
　　　　喜んでもらえる仕事がある
実績主義の壁
　　　　壁を突き破った時の喜び
効率良く仕事を進めても早く帰れない
　　　　一度しかない人生を大事に

IDec
Innovative Dc

43

上司運

会社、業種は選べるが
　　　　　　上司は選べない

向上心を潰されないように
目標とプライド
自分で考えていなかった
　領域に、得意があることも

IDec
Innovative Dc

44

押しつぶされないために

自分からやりたいことを意思表示
社内で一番になれる分野を作る
どんな仕事でもやってみる
身体をこわしてまで頑張らない
　会社生活が全てではない
相談できるひとを作る
上司が顧客と思えば、腹も立たない

IDec
Innovative Dc

45

Control Myself
Respect Anyone
Anytime Positive

IDec
Innovative Dc

46

参考文献

トム・ケリー著　発想する会社　早川書房　2002
戸田　寛著　あのヒット商品のナマ企画書が見たい　ダイヤモンド社 2005
長沢、川栄共著　キリン「生茶」・明治「フラン」の商品戦略
　　　　　　　　　　　　　　　　　日本出版サービス　2003
D. R. ヘンダーソン著　転ばぬ先の経済学　オープン・ナレッジ　2006
佐藤義典著　実践BtoBマーケティング　日本能率協会　2011
江上　剛著　もし顔を見るのも嫌な人間が上司になったら
　　　　　　　　　　　　　　　　　文春新書　2010
原岡修吾著　社会人になる前に知っておきたいこと
　　　　　　　　　　　阪急コミュニケーションズ　2011
上杉志成著　京都大学人気講義 サイエンスの発想法　祥伝社 2014

IDec
Innovative Dc

47

118

[巻末付録②]

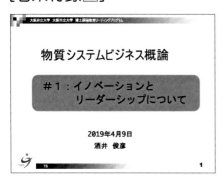

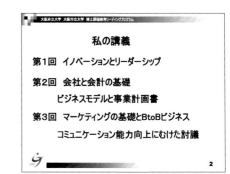

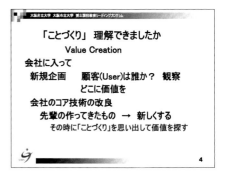

技術革新の種

現場（工場内）を歩き回る
　　現場の声を聴く
顧客の声を聞けるように
異業種の実態を観察
学会などでの情報収集
自分でやりたいこと への情熱

7

価値創造への道

顧客（社内の時も）、市場、製品の観察
　　考えている対象物の物語を語れるか
徹底したブレインストーミング
　　何か見逃していないか
他家受粉
　　専門の違う人の意見・アドバイス
まずプロトタイプを作り、周りの批判を
デッドラインの活用

（Tom Kelly 発想する会社より）

8

心が踊るほどの成果をもたらすのは、リベラル
アーツと結びついた技術、人間性と結びついた
技術だと、我々は信じている。
Steve Jobs

大好きなこと、どうしてもやりたいと思うことを
見つけるのが成功への秘訣です。そうすれば、
ああまた1日、それができると、太陽が昇るのが
待ち遠しくなります。
Chris Gardner

9

コトづくり のための全体像の把握

実現しようとするコトの全体像を描き
　　全体の機能と構成要素を定義
　　　　（グランドデザイン）
　システム思考を活用した全体俯瞰
「こうなってたら良い」という理想の提示
「そのために自分はここを担う」という、立場確認

10

Concept や Vision

こんな目的
新しい使い方

足りない所はオープンイノベーション
どうも苦手　あまり得意でない
既存のConceptやKeywordしか出てこない
学生の時に、このような目的意識低い

11

優れたグランドデザイン

グランドデザインは「こうなっていたら良い」という理想の提示であり、現実のものにする苦労は当然ある。だが、挑戦的なデザインがあってこそ、技術者は力を発揮する。また、執拗に描き直すことが大事で、コマツは盗難防止のために発案されたKOMTRAXをさらに活用することを考え続けた結果、全体像を進化させた。

グランドデザインを描くにあたっては、物事の構造や関係、時間を立体的にとらえ、その上で自由に考えることが必要である。

グランドデザインを描くプロセスは先達の経験に基づいてほぼ確立されている。「目的がある」「制約条件に基づく」「体系的（原理原則がある）」「反復的」「創造的（直感に頼る）」「多くの可能な解決方法がある」

（谷島宣之 著 「ソフトを他人に作らせる日本、自分で作る米国」日経BP）

12

120

リーダーシップ

リーダーシップとは、一人一人が自らの頭で考え、自らが率先して一歩を踏み出し、チームの成果に貢献すること。

自分の意見や考えを押し付けて、組織を動かすことを意味しない。

ピーター・ドラッカー のリーダーシップ論

仕事、責任、信頼

13

リーダーの仕事

(1) 目標の設定
テーマの提案、予算の獲得、チーム編成
(2) 良いチームを作る
部下への信頼、自由度を与える
周りからの雑音への盾

(3) 手本になる
先頭にたって動く
部下のモチベーションを考える

14

リーダーの資質

☆ 明確なビジョン （目標設定能力）
☆ 判断力 （迷わない、迷いを見せない）
☆ コミュニケーション能力 （聞く力）
☆ 育成能力 （メンバーに任せる）
☆ 誠実さ （信頼を損なわない）
☆ 責任をとる意識 （メンバーはのびのびと動ける）
☆ 業務遂行力 （メンバーの手本となる）
☆ 寛容性 （周りのアドバイスに耳を傾ける）

15

リーダーシップはマネジメントとは違う

しかし、マネジメントが基本
日本の企業では 管理職（マネージャー）＝リーダー

リーダーシップ：ビジョンを明確にし、目標達成へ
マネジメント： 目標達成のための環境整備

マネジメント力
課題対応能力： 理解力、創意工夫
対人関係能力： 表現力、指導、折衝
プレゼンテーション力： ボキャブラリー、声の大きさと滑舌
（TECII-H :リーダーシップ演習）

16

リーダーへの道のり

最初からリーダーとしての役割は難しい
経験ないし、周りの人たちも見えてない
何をビジョンに掲げたら良いか難しい
20才台、30才台でリーダーのポジションはまれ
自分なりにどのようにリスクをとり、
どのように先導したかが重要で、
小さな成功が自信を積み上げる。

17

オーナーシップが
リーダーシップの第1歩

当事者意識
「自分ならどうする？」

重要かつ難易度の高い仕事とは、
正しい答えを見つけることではなく、
正しい質問をすることだ。
（Peter Drucker）
アクションなきコメンテーターにならない。

18

［巻末付録③］

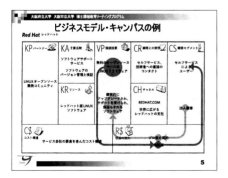

122

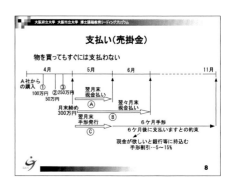

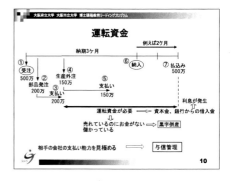

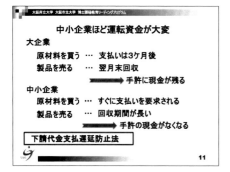

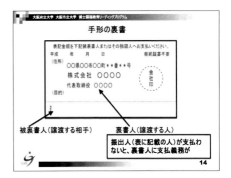

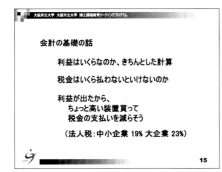

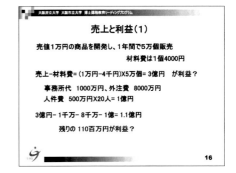

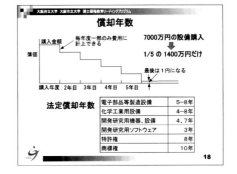

124

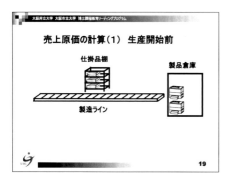

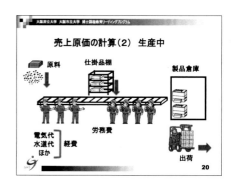

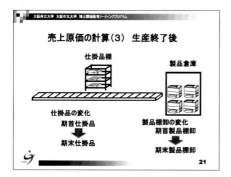

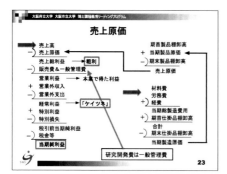

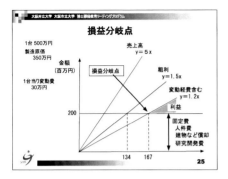

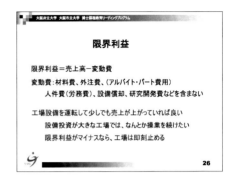

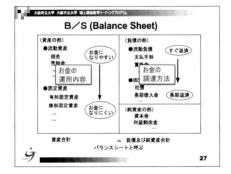

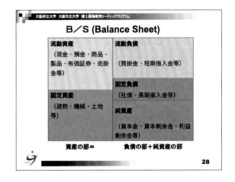

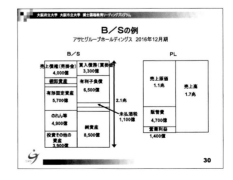

事業計画

大阪府立大学 大阪市立大学 博士課程教育リーディングプログラム

事業計画書　　　　　　　　　　　　　　　　　　（千円）

		1年目	2年目	3年目	4年目	5年目
開発計画						
売上	単価					
	数量					
	売上額(a)					
変動経費	材料費					
	外注費					
	営業費					
	小計(b)					
固定費	開発要員					
	管理要員					
	人件費(c)					
	事務所費他(d)					
設備投資	投資金額					
	償却費(e)					
純利益	a-b-c-d-e					
キャッシュフロー						

31

事業計画（ずっとファブレス）

大阪府立大学 大阪市立大学 博士課程教育リーディングプログラム

（千円）

		1年目	2年目	3年目	4年目	5年目
開発計画		1ロット試作 改良	量産開始 改良		Version Up	
売上	単価	100	100	100	90	75
	数量	10ヶ(無料20ヶ)	100	500	1,500	4,000
	売上額(a)	1,000	10,000	50,000	135,000	300,000
変動経費	原材料費	10X30ケ=300	1,000	5,000	15,000	40,000
	外注費	50X30ケ=1,500	5,000	25,000	40 X 1500 = 60,000	180,000
	営業費	—	4,000 X 1	4,000	10,000	20,000
	小計(b)	1,800	10,000	34,000	85,000	220,000
固定費	開発要員	2	2	1	2	2
	管理要員	無名	無名	1	1	2
	人件費(c)	4,000 X 2 = 8,000	8,000	8,000	6,000 X 4 = 24,000	24,000
	事務所費他(d)	—	—	500	1,000	3,000
設備投資	投資金額	—	—	—	—	—
	償却費(e)	—	—	—	—	—
純利益	a-b-c-d-e	-8,800	-8,000	7,500	25,000	53,000
利益率					18%	18%
キャッシュフロー		8,800千円必要 自己資金 10百万円	追加銀行借り入れ 10百万円	追加借入または VFからの出資受入		銀行からの短期借入 必要(運転資金)

32

事業計画（設備投資で一部内製）

大阪府立大学 大阪市立大学 博士課程教育リーディングプログラム

（千円）

		1年目	2年目	3年目	4年目	5年目
開発計画		1ロット試作 改良	量産開始 改良		Version Up	
売上	単価	100	100	100	90	75
	数量	10ヶ(無料20ヶ)	100	500	1,500	4,000
	売上額(a)	1,000	10,000	50,000	135,000	300,000
変動経費	原材料費	10X30ケ=300	1,000	5,000	15,000	40,000
	外注費	50X30ケ=1,500	5,000	25,000	20 X 1500 =30,000	80,000
	生産人件費				5000	10,000
	営業費	—	4,000 X 1	4,000	10,000	20,000
	小計(b)	1,800	10,000	34,000	60,000	150,000
固定費	開発要員	2	2	1	2	2
	管理要員	無名	無名	1	1	2
	人件費(c)	4,000 X 2 = 8,000	8,000	8,000	6,000 X 4 = 24,000	24,000
	事務所費他(d)	—	—	500	1,000	3,000
設備投資	投資金額	—	—	100,000		30,000
	償却(e)	—	—	20,000	20,000	28,000
純利益	a-b-c-d-e	-8,800	-8,000	-12,500	30,000	97,000
利益率					22%	32%
キャッシュフロー		8,800千円必要 自己資金 10百万円	追加銀行借り入れ 10百万円	VF 出資150百万円 (主に設備投資)		銀行からの短期借入 必要(運転資金)

33

［巻末付録④］

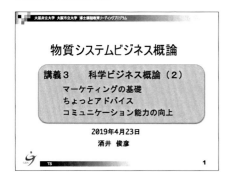

大阪府立大学　大阪市立大学　博士課程教育リーディングプログラム

物質システムビジネス概論

講義3　科学ビジネス概論（2）
マーケティングの基礎
ちょっとアドバイス
コミュニケーション能力の向上

2019年4月23日
酒井　俊彦

1

大阪府立大学　大阪市立大学　博士課程教育リーディングプログラム

マーケティングの基礎

2

大阪府立大学　大阪市立大学　博士課程教育リーディングプログラム

マーケティングとは

売れない時代でも多く買ってもらう戦略と技法
　マーケティングの理想は、売込みを不要にすること
　　　　　　　　　　　　　　　　　　（ドラッガー）
製品・サービスを　知ってもらう、使いたい買いたい
　　　　　　　　　　　　　　と思ってもらう　方策
今の製品・サービスの使用状況を調べる価値がある。
市場の規模を想定することは必須

3

大阪府立大学　大阪市立大学　博士課程教育リーディングプログラム

マーケティング情報の集め方

☆目的と仮説のない市場調査は役に立たない
　　事例1）米国の靴メーカーのセールスマンの調査
　　事例2）外資系インスタントコーヒー会社での調査

☆仮説でなく思い込みでは間違った方向に
　　小学校の運動会で1度売れたおにぎりは今年も

☆グループインタビューの難しさ
　　一人がリードすると、皆が同じ方向に行ってしまう

4

大阪府立大学　大阪市立大学　博士課程教育リーディングプログラム

マーケティングの変遷

近代マネジメントの父　　　ピーター・ドラッガー
　　企業の目的は顧客の創造である

近代マーケティングの父　　フィリップ・コトラー
　　"マーケティング・マネジメント"　（1967）

| マーケティング1.0 | 製品中心のマーケティング |

⬇ Product, Place, Price, Promotion　4P中心

| マーケティング2.0 | 顧客（消費者）志向のマーケティング |

ターゲットとなる顧客、ターゲットとなる市場
差別化ポイント、ネット情報、市場投入時期

5

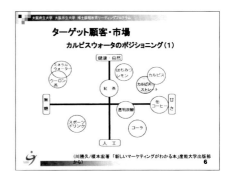

大阪府立大学　大阪市立大学　博士課程教育リーディングプログラム

ターゲット顧客・市場
カルピスウォータのポジショニング（1）

（川勝久／榎本宏著「新しいマーケティングがわかる本」産能大学出版部
から）

6

128

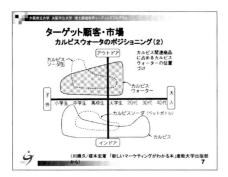

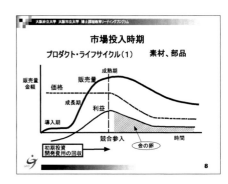

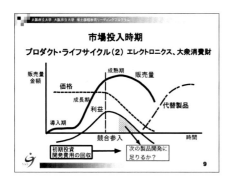

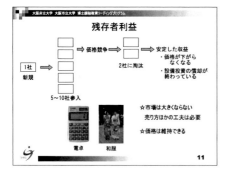

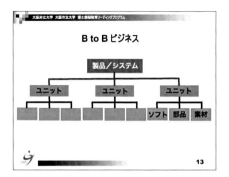

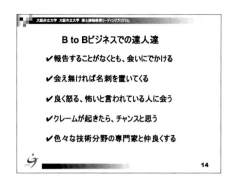

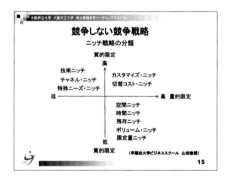

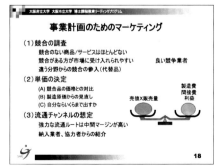

130

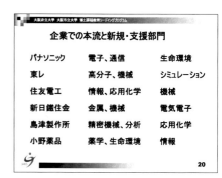

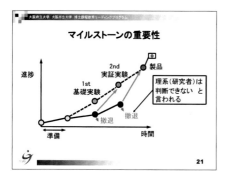

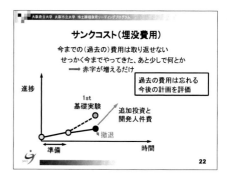

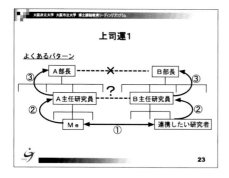

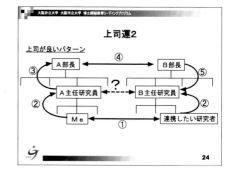

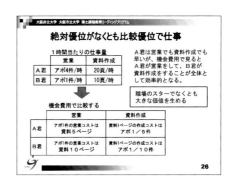

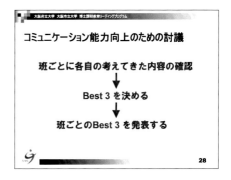

著者略歴

酒井　俊彦（さかい　としひこ）

1947年（昭和22年）大阪府に生まれる。東京大学工学部卒業。住友金属工業㈱にて計測技術などの研究開発に従事。1989年東京大学工学博士。その後、外資系企業ユニファイ・ジャパン㈱社長、エレクトロニクス技術研究所所長、住友金属テクノロジー㈱社長を歴任。2013年より大阪府立大学特認教授（リーディング大学院担当）、現在に至る。

著書『金属の素顔にせまる』住友金属テクノロジー編（学習研究社）、『大学院教育改革を目指したリーディングプログラム』（大阪公立大学共同出版会）

OMUP の由来
大阪公立大学共同出版会（略称 OMUP）は新たな千年紀のスタートとともに大阪南部に位置する 5 公立大学、すなわち大阪市立大学、大阪府立大学、大阪女子大学、大阪府立看護大学ならびに大阪府立看護大学医療技術短期大学部を構成する教授を中心に設立された学術出版会である。なお府立関係の大学は 2005年 4 月に統合され、本出版会も大阪市立、大阪府立両大学から構成されることになった。また、2006 年からは特定非営利活動法人（NPO）として活動している。

Osaka Municipal Universities Press（OMUP）was catablished in new millennium as an assosiation for academic publications by professors of five municipal universities, namely Osaka City University, Osaka Prefecture University, Osaka Women's University, Osaka Prefectural College of Nursing and Osaka Prefectural College of Health Sciences that all located in southern part of Osaka. Above prefectural Universities united into OPU on April in 2005. Therefore OMUP is consisted of two Universities, OCU and OPU, OMUP was renovated to be a non-profit organization in Japan from 2006.

企業研究者が学生に語る
研究アイディアの見つけ方から事業化への道まで

2020 年 2 月 2 日　初版第 1 刷発行

著　者　　酒井　俊彦

編　集　　大阪府立大学・大阪市立大学博士課程教育リーディングプログラム
　　　　　「システム発想型物質科学リーダー養成学位プログラム」

発行者　　八木　孝司

発行所　　大阪公立大学共同出版会（OMUP）
　　　　　〒599-8531 大阪府堺市中区学園町 1-1
　　　　　大阪府立大学内
　　　　　TEL　072(251)6533
　　　　　FAX　072(254)9539

印刷所　　株式会社 遊 文 舎

©2020 by Toshihiko Sakai. Printed in Japan
ISBN 978-4-909933-14-0